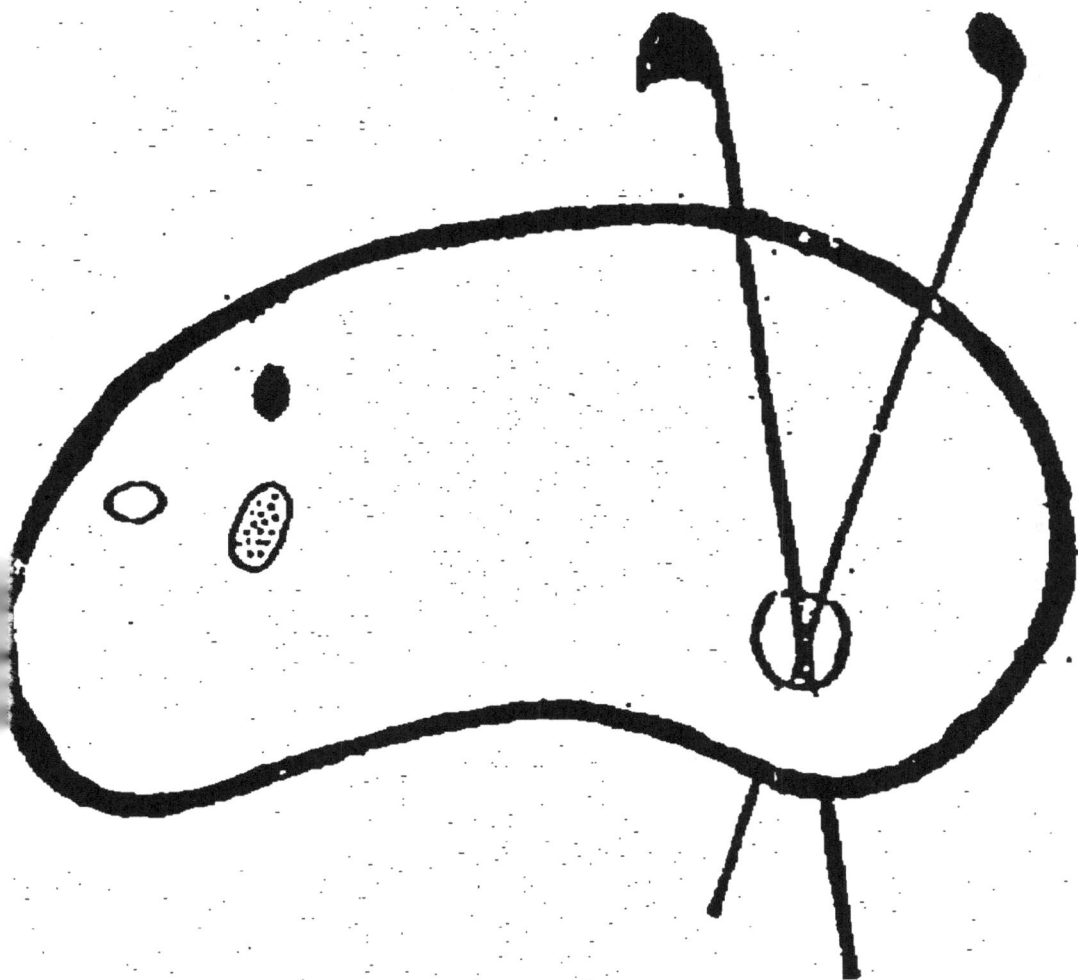

DEBUT D'UNE SERIE DE DOCUMENTS
EN COULEUR

MUSÉE PÉDAGOGIQUE

ET

BIBLIOTHÈQUE CENTRALE DE L'ENSEIGNEMENT PRIMAIRE

MÉMOIRES

ET

DOCUMENTS SCOLAIRES

PUBLIÉS PAR LE MUSÉE PÉDAGOGIQUE

Fascicule n° 114

PLAN D'ÉTUDES

ET

PROGRAMMES DE L'ENSEIGNEMENT PRIMAIRE

DES INDIGÈNES EN ALGÉRIE

IMPRIMERIE ADOLPHE JOURDAN

Alger, 4, Place du Gouvernement, 4, Alger

PARIS

HACHETTE ET C⁽ᵉ⁾, ÉDITEURS
Boulevard Saint-Germain, n° 79

CH. DELAGRAVE, ÉDITEUR
Rue Soufflot, n° 15

ALPH. PICARD, ÉDITEUR
Rue Bonaparte, n° 82

DELALAIN FRÈRES, ÉDITEURS
Rue des Écoles, n° 56

ARMAND COLIN ET C⁽ᵉ⁾, ÉDITEURS
Rue de Mézières, n° 5

ALC. PICARD ET KAAN, ÉDITEURS
Rue Soufflot, n° 11

1890

MÉMOIRES ET DOCUMENTS SCOLAIRES

PUBLIÉS PAR LE MUSÉE PÉDAGOGIQUE

41, rue Gay-Lussac. — Paris

Sous le titre de **Mémoires et documents scolaires**, le Musée pédagogique publie, à intervalles irréguliers, des travaux ou documents intéressant l'instruction publique à ses divers degrés. Les fascicules suivants ont déjà paru et sont en vente, à Paris : aux bureaux de la *Revue pédagogique*, librairie Ch. Delagrave, rue Soufflot, n° 15 ; à la librairie Hachette, boulevard Saint-Germain, n° 79 ; chez Alphonse Picard, libraire, rue Bonaparte, n° 82 ; à la librairie Delalain frères, rue des Écoles, n° 56 ; chez Colin, éditeur, rue de Mézières, n° 5, et à la librairie Picard et Kaan, rue Soufflot, n° 11.

Fascicule n° 1. — Le projet de loi sur l'organisation de l'enseignement primaire (1882-1884). Recueil de documents parlementaires relatifs à la discussion de cette loi à la Chambre des députés. Un fort volume in-8° de xii-832 pages. Prix.   6 fr.

Fasc. n° 2. — Une acquisition de la bibliothèque du Musée pédagogique : *Dialogus Jacobi Fabri Stapulensis in phisicam introductionem. Introductio in phisicam Aristotelis;* in-4°, imprimé en 1510 par Jean HALLER, à Cracovie. Étude bibliographique et pédagogique, par L. MASSEBIEAU. Une brochure in-8° de 19 pages. Prix . . . . 50 c.

Fasc. n° 3. — Répertoire des ouvrages pédagogiques du xvi° siècle *(Bibliothèques de Paris et des départements).* Un volume in-8° de 800 pages. Prix.   6 fr.

Fasc. n° 4. — L'enseignement expérimental des sciences à l'école normale et à l'école primaire, par René LEBLANC. Une brochure in-8° de 48 pages. Prix.   80 c.

Fasc. n° 5. — Compte rendu officiel du Congrès international d'instituteurs et d'institutrices tenu au Havre du 6 au 10 septembre 1885. Un volume in-8° de iv-211 pages. Prix . . . . 2 fr.

Fasc. n° 6. — Règlements et programmes d'études des écoles normales d'instituteurs et des écoles normales d'institutrices. Un volume in-8° de 125 pages. Prix . . . . 1 fr. 25.

Fasc. n° 7. — Schola aquitanica : *Programme d'études du collège de Guyenne au xvi° siècle,* réimprimé avec une préface, une traduction française et des notes, par L. MASSEBIEAU. Un volume in-8° de 77 pages. Prix. . . . . 1 fr. 80.

Fasc. n° 8. — Instruction spéciale sur l'enseignement du travail manuel dans les écoles normales d'instituteurs et les écoles primaires élémentaires et supérieures. Un volume in-8° de 79 pages. Prix. . . . . 70 c.

Fasc. n° 9. — Projet d'instruction pour l'installation d'écoles enfantines modèles. Un volume in-8° de 24 pages. Prix. . . . . 50 c.

Fasc. n° 10. — Le projet de loi sur l'organisation de l'enseignement primaire (1886). Recueil de documents parlementaires relatifs à la discussion de cette loi au Sénat *(1re délibération).* Un fort volume in-8° de 586 pages. Prix. . . . 3 fr.

Fasc. n° 35. — Instruction spéciale sur l'enseignement du dessin, par M. Keller. Un volume in-8' de 114 pages. Prix. . . . . 1 fr.

Fasc. n° 36. — Bourses de l'enseignement primaire supérieur. Une brochure de 48 pages. Prix . . . . 75 c.

Fasc. n° 37. — Résumé des états de situation de l'enseignement primaire pour l'année scolaire 1885-1886. Une brochure in-8' de 30 pages. Prix. . . . . . 50 c.

Fasc. n° 38. — L'exposition scolaire de 1889. Une brochure in-8° de 95 pages. Prix. . . . . 75 c.

Fasc. n° 39. — Extraits d'Horace Mann, avec notice, par M. Gaufrès. Un volume in-8' de 245 pages. Prix . . . . 2 fr.

Fasc. n° 40. — Décrets, arrêtés, circulaires et décisions ministérielles pour l'application de la loi du 30 octobre 1886 et des règlements organiques du 18 janvier 1887. Un volume in-8' de 251 pages. Prix. . . . . 2 fr.

Fasc. n° 41. — L'Algérie: Lois et règlements scolaires. Un volume de 178 pages. Prix . . . . 2 fr.

Fasc. n° 42. — Les auteurs du brevet supérieur, par Mⁱⁱᵉ S. R. Un volume in-8° de 148 pages. Prix. . . . . 1 fr. 75.

Fasc. n° 43. — Le cahier de devoirs mensuels. Un volume in-8' de 140 pages. Prix . . . . 1 fr. 75.

Fasc. n° 44. — L'histoire des mots, par Michel Bréal. Une brochure in-8° de 32 pages. Prix. . . . . 75 c.

Fasc. n° 45. — Comment les mots changent de sens, par Littré, avec préface de Michel Bréal. Une brochure in-8° de 60 pages. Prix. . . . . 1 fr.

Fasc. n° 46. — Écoles manuelles d'apprentissage et écoles professionnelles. Une brochure in-8° de 140 pages. Prix. . . . . 2 fr.

Fasc. n° 47. — Textes de compositions des examens et concours de l'enseignement primaire en 1887 (Certificats d'aptitude au professorat des écoles normales. — Concours d'admission aux écoles normales primaires supérieures. — Certificat d'études primaires supérieures. — Bourses de séjour à l'étranger. — Économat.) Une brochure in-8' de 110 pages. Prix. . . . . 1 fr.

Fasc. n° 48. — Titres et brevets de capacité: Règlements en vigueur et modifications proposées. Une brochure de 74 pages. Prix. . . . . 1 fr.

Fasc. n° 49. — L'enseignement de la gymnastique dans les établissements d'enseignement primaire. Une brochure in-8° de 84 pages. Prix. . . . . . 1 fr.

Fasc. n° 50. — Projet de loi sur les dépenses ordinaires de l'enseignement primaire et les traitements du personnel de ce service: Textes du projet du Gouvernement et du projet de la Commission. Un volume in-8° de 270 pages. Prix . . . . 2 fr. 50.

Fasc. n° 51. — Projet de loi sur les dépenses ordinaires de l'enseignement primaire et sur les traitements du personnel de ce service. Recueil de documents parlementaires relatifs à la discussion de cette loi à la Chambre des députés. Une brochure in-8° de 175 pages. Prix. . . . . 75 c.

Fasc. n° 52. — Projet de loi sur les dépenses de l'instruction primaire et sur les traitements du personnel de ce service. Recueil de documents parlementaires relatifs à la discussion de cette loi au Sénat. Un volume in-8° de 300 p. Prix. 2 fr.

Fasc. n° 53. — Recueil des textes de compositions donnés aux examens des brevets de capacité (Brevets élémentaire et supérieur. — Session de juillet 1887.) Un volume in-8° de 680 pages. Prix. 7 fr.

Fasc. n° 54. — Recueil des textes de composition donnés aux examens des brevets de capacité (Brevets élémentaire et supérieur. — Session de novembre 1887.) Un volume in-8° de 646 pages. Prix. . . . . 7 fr.

Fasc. n° 55. — Recueil des textes de compositions donnés aux concours de 1887. (Écoles normales. — Bourses d'enseignement primaire supérieur.) Un volume in-8° de 614 pages. Prix. . . . . 7 fr.

Fasc. n° 56. — Les trois écoles nationales professionnelles (Vierzon, Voiron, Armentières.) Une brochure in-8° de 48 pages. Prix. . . . . 75 c.

Fasc. n° 57. — Discours prononcé au banquet de l'association des anciens élèves de l'école normale de la Seine. Une broch. in-8° de 24 p. Prix. . . . . . . 75 c.

Fasc. n° 58. — Les écoles normales supérieures d'enseignement primaire de Saint-Cloud et de Fontenay. Un volume in-8° de 230 pages. Prix. . . . 2 fr. 50.

Fasc. n° 59. — Conférences et causeries pédagogiques, par F. BUISSON. Un volume in-8° de 186 pages. Prix. . . . . 80 c.

Fasc. n° 60. — Revision des programmes de l'enseignement primaire. Un volume in-8° de 152 pages. Prix. . . . . 1 fr. 60

Fasc. n° 61. — Comptabilité des écoles normales (Guide légal et administratif des économes). Une brochure in-8° de 138 pages. Prix. . . . . 1 fr. 75.

Fasc. n° 62. — Les classes enfantines. Documents législatifs et administratifs, avec introduction, par F. BUISSON. Une brochure in-8° de 113 pages. Prix. 75 c.

Fasc. n° 63. — Discours de réception de M. GRÉARD à l'Académie française. Une brochure in-8° de 24 pages. Prix. 75 c.

Fasc. n° 64. — Questions historiques, par Eugène MULLER. (295 pages avec figures.) Prix. . . . . 3 fr. 50.

Fasc. n° 65. — Statistique de l'enseignement primaire supérieur (écoles et élèves) au 31 décembre 1887. Un volume in-8° de 115 pages. Prix. . . . . 1 fr. 25.

Fasc. n° 66. — Livres scolaires en usage dans les écoles primaires publiques. Un volume in-8° de 100 pages. Prix. . . . . 1 fr. 75

Fasc. n° 67. — Discours sur l'éducation physique, prononcé par M. le Dr BLATIN à la Chambre des députés. Une brochure in-8° de 13 pages. Prix . . . . . 20 c.

Fasc. n° 68. — Exposition internationale de Melbourne. Un volume in-8° de 162 pages. Prix. . . . . 1 fr. 75.

Fasc. n° 69. — Rapports sur la marche du Musée pédagogique en 1887. (Mars 1888.) Un volume in-8° de 39 pages. Prix. . . . . 75 c.

Fasc. n° 70. — Classement général des écoles primaires publiques en 1888-1889. Un volume in-8° de 103 pages. Prix . . . . 1 fr. 25.

Fasc. n° 71. — Note sur l'instruction publique de 1789 à 1808, suivie du catalogue des documents originaux existant au Musée pédagogique et relatifs à l'histoire de l'instruction publique en France durant cette période. Une brochure in-8° de 40 pages. Prix . . . . 80 c.

Fasc. n° 72. — L'œuvre des colonies de vacances à Paris en 1887. Rapport de M. COTTINET. Un volume in-8° de 35 pages. Prix . . . . 75 c.

Fasc. n° 73. — La question de la réforme orthographique, par A. DARMESTETER. Un volume in-8° de 24 pages. Prix. . . . . 50 c.

Fasc. n° 74. — Programmes généraux des écoles manuelles d'apprentissage. Un volume in-8° de 24 pages. Prix. . . . . 50 c.

Fasc. n° 75. — Résumé des états de situation de l'enseignement primaire pour l'année scolaire 1886-1887. Un volume in-8° de 20 pages. Prix. . . . . . . 50 c.

Fasc. n° 76. — Convention scolaire franco-suisse. Un volume in-8° de 23 pages. Prix. . . . . 50 c.

Fasc. n° 77. — Travaux de la commission de gymnastique. Un volume in-8° de 152 pages. Prix. . . . . 1 fr. 75.

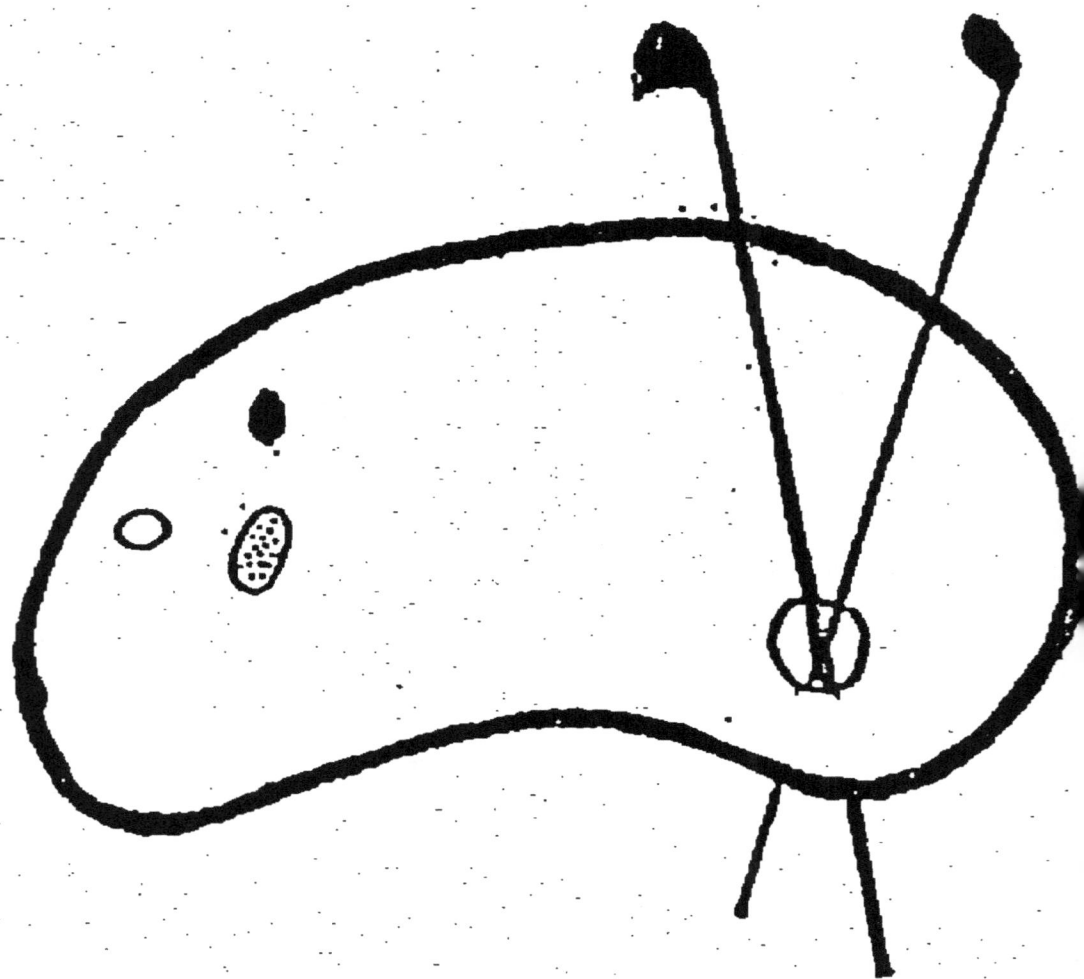

FIN D'UNE SERIE DE DOCUMENTS
EN COULEUR

PLAN D'ÉTUDES

ET

PROGRAMMES DE L'ENSEIGNEMENT PRIMAIRE

DES INDIGÈNES EN ALGÉRIE

MUSÉE PÉDAGOGIQUE

ET

BIBLIOTHÈQUE CENTRALE DE L'ENSEIGNEMENT PRIMAIRE

MÉMOIRES

ET

DOCUMENTS SCOLAIRES

PUBLIÉS PAR LE MUSÉE PÉDAGOGIQUE

Fascicule n° 114

PLAN D'ÉTUDES

ET

PROGRAMMES DE L'ENSEIGNEMENT PRIMAIRE
DES INDIGÈNES EN ALGÉRIE

IMPRIMERIE ADOLPHE JOURDAN

Alger, 4, Place du Gouvernement, 4, Alger

PARIS

HACHETTE ET Cⁱᵉ, ÉDITEURS
Boulevard Saint-Germain, n° 79

CH. DELAGRAVE, ÉDITEUR
Rue Soufflot, n° 15

ALPH. PICARD, ÉDITEUR
Rue Bonaparte, n° 82

DELALAIN FRÈRES, ÉDITEURS
Rue des Écoles, n° 56

ARMAND COLIN ET Cⁱᵉ, ÉDITEURS
Rue de Mézières, n° 5

ALC. PICARD ET KAAN, ÉDITEURS
Rue Soufflot, n° 11

1890

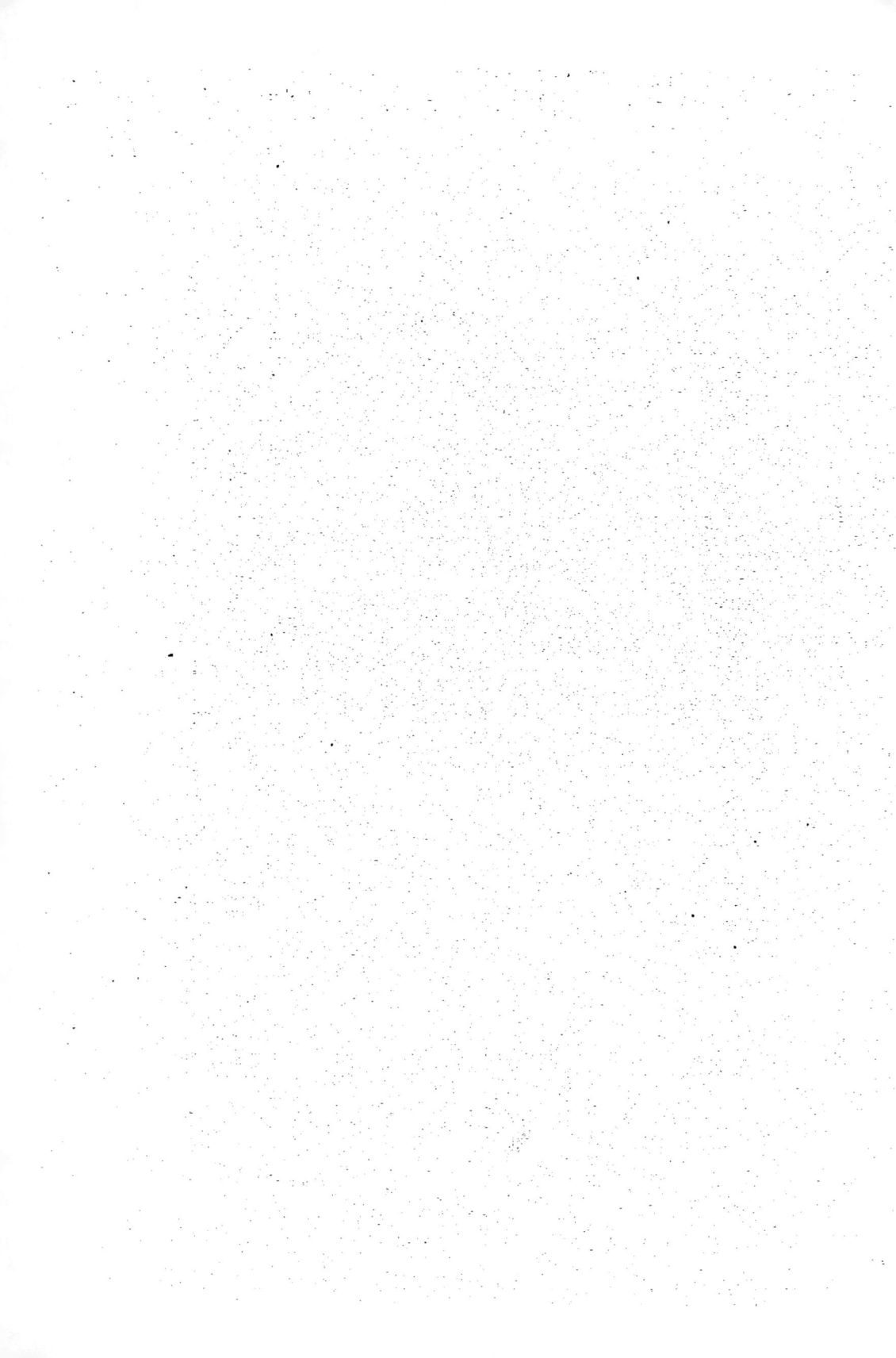

NOTE PRÉLIMINAIRE

Jusqu'à présent les écoles primaires spécialement fréquentées par des élèves indigènes, dans les diverses régions de l'Algérie, n'avaient pas de programmes distincts. Mais les maîtres chargés de les diriger s'étaient toujours efforcés d'adapter les programmes des écoles françaises aux besoins spéciaux de leurs élèves. Ils l'avaient fait à des degrés différents et avec des succès divers. Les moniteurs indigènes, dont l'instruction était médiocre et l'éducation professionnelle insuffisante, réussissaient mal dans cette tâche.

L'administration académique a pensé qu'il ne suffisait plus de donner aux maîtres des directions et des conseils, mais que le moment était venu de leur tracer des programmes précis.

M. Scheer, inspecteur de l'enseignement primaire des indigènes, avait pris l'initiative de préparer un projet de programmes pour le cours préparatoire. Ce travail, après avoir été soumis à l'examen des inspecteurs d'académie, des inspecteurs primaires et des directeurs d'école normale des trois départements, fut transmis avec les observations de ces fonctionnaires, à une commission spéciale instituée à Constantine, au mois de mars 1889, par décision du recteur de l'académie.

Cette commission était ainsi composée:

MM. l'Inspecteur d'Académie de Constantine, président;
    MOTYLINSKI, directeur de la Médersa;
    SUQUET, inspecteur primaire à Constantine;
    EHRMANN, inspecteur primaire à Batna;
    SCHEER, inspecteur de l'enseignement primaire des Indigènes;
    DONAIN, directeur de l'École annexe à l'École normale;
    POUY, directeur de l'École arabe-française de Constantine;
    JEAN, directeur de l'École de la rue Nationale, à Constantine;
    JUDA, directeur de l'École de la rue Damrémont, à Constantine;
    LACABE-PLASTEIG, directeur de l'École normale de Constantine, secrétaire-rapporteur.

La commission a tenu un grand nombre de séances en 1889, sous la présidence de M. Ripet, alors inspecteur d'académie du département, et en 1890, sous celle de M. Granboulan, son successeur.

Après avoir terminé le travail relatif au cours préparatoire, elle prépara un projet analogue pour le cours élémentaire, puis un autre pour le cours moyen. Les programmes de ces deux derniers cours furent soumis à l'examen des inspecteurs d'académie, des inspecteurs primaires et des directeurs d'école normale du ressort, comme l'avaient été ceux du cours préparatoire. Ce ne fut qu'après avoir discuté leurs observations que la commission procéda à la rédaction définitive des diverses parties du plan d'études et des programmes.

Pour chacun des trois cours, son travail comprend quatre parties :

1º Un tableau d'emploi du temps ;
2º Des conseils pédagogiques ;
3º Les programmes de l'enseignement ;
4º Des leçons modèles.

La dernière partie est celle qui paraîtra la plus défectueuse aux personnes qui n'ont pas vu de près et à l'œuvre les maîtres auxquels ces leçons doivent servir d'exemples. Il est certain que des instituteurs français pourraient les trouver un peu monotones, un peu naïves. Mais qu'on veuille bien remarquer qu'elles sont faites pour guider des maîtres indigènes, qui ne sont que de simples moniteurs, dont l'aptitude est aussi modeste, en général, que le titre, mais que nous sommes pourtant bien obligés d'employer, parce que seuls, ils consentent à aller enseigner les éléments de la langue française à leurs jeunes coreligionnaires, sur les points les plus reculés des douars ou des tribus, dans des endroits où jamais ne se résignerait à vivre un instituteur français, même avec un traitement élevé.

Je me hâte de dire que le recrutement de ce personnel indigène devient meilleur, à mesure que s'élève le niveau de l'enseignement dans les écoles qui nous le préparent. Cette année, par exemple, sur 14 élèves indigènes sortis, après deux ans d'études, du cours normal annexé à l'École normale d'Alger, 12 ont obtenu le brevet de capacité d'instituteur. Au lieu de rester moniteurs, ils recevront une nomination d'instituteur adjoint indigène. Ces maîtres arabes ou kabyles, élevés par la France, puis chargés par elle d'aller répandre sa langue et, avec sa langue, quelques-unes de ses idées parmi les jeunes générations de l'Algérie, seront pour nous, avec le temps, des auxiliaires précieux dans l'œuvre de civilisation que nous devons poursuivre.

Le travail qui fait l'objet de la présente brochure est destiné à faciliter leur tâche, en même temps qu'à épargner des tâtonnements aux instituteurs français qui, au-dessus ou à côté d'eux, dans des écoles plus importantes, bien que toujours du degré élémentaire, ont l'honneur d'être chargés de la même mission.

Le rapport de M. Lacabe-Plasteig, imprimé en tête des documents qui suivent, résume, en termes excellents, avec les vœux de la commission et les idées dont elle s'est inspirée, les vues de l'administration académique en matière d'instruction primaire des indigènes.

Si l'application intelligente du plan d'études et des programmes que nous publions imprime, comme je l'espère, une impulsion nouvelle à l'enseignement donné, dans nos écoles, aux jeunes générations arabes ou kabyles, l'honneur en reviendra à tous ceux qui ont participé à la préparation de ce travail, comme aux maîtres qui sauront s'en inspirer.

L'administration doit surtout des remerciements à la commission de Constantine et en particulier à son rapporteur, M. Lacabe-Plasteig, qui a bien voulu se charger de la part principale du travail, et qui s'en est acquitté avec un sens pédagogique et un talent dont je me plais à le féliciter.

Alger, le 15 octobre 1890.

Le Recteur,
C. JEANMAIRE.

RAPPORT DE LA COMMISSION

Le plan d'études du cours préparatoire des Écoles indigènes de l'Algérie a été publié aussitôt après sa rédaction, avant que les programmes des deux autres cours fussent arrêtés. Il a été inséré dans le numéro d'avril 1889 du *Bulletin universitaire de l'Académie d'Alger*. La Commission qui avait été chargée de l'élaborer l'a présenté à M. le Recteur avec le rapport qui suit. Les conseils qu'il renferme, rédigés plus particulièrement en vue du cours préparatoire, conviennent à tous les degrés de l'enseignement. C'est pour ce motif que le rapport de la Commission est maintenu dans son texte primitif : en le lisant, les instituteurs voudront bien en étendre la portée aux trois divisions de l'école primaire indigène.

Constantine, le 3 avril 1889.

MONSIEUR LE RECTEUR,

J'ai l'honneur de vous présenter les résultats des délibérations de la Commission que vous avez chargée d'élaborer les programmes d'enseignement des écoles indigènes de l'Algérie.

Tout en lui communiquant un questionnaire qui appelait son attention sur les questions fondamentales qu'elle avait à examiner, vous lui avez laissé une entière indépendance, et elle est restée libre d'établir elle-même l'ordre de ses travaux. La Commission a jugé nécessaire de fixer tout d'abord le plan d'études de la première année de scolarité. C'est, en effet, par son degré le plus élémentaire que l'école indigène diffère le plus de l'école qui reçoit des Français ; en fixant les cadres de l'enseignement du début, la Commission a pensé répondre aux besoins les plus pressants. Poser les bases, n'est-ce pas préparer et assurer le succès des études pour les années suivantes? La Commission a donc arrêté les programmes du cours préparatoire, qui est nécessairement organisé dans toutes les écoles, et elle le soumet à votre approbation.

Elle a été aidée dans son travail par un projet dont la rédaction est due à M. Scheer, inspecteur des écoles indigènes, et par une consultation que vous avez bien voulu adresser à MM. les inspecteurs d'académie, inspecteurs primaires et directeurs d'écoles normales de l'Algérie. Éclairée par ces documents, qu'elle a pris pour guide, la Commission s'est efforcée de faire une œuvre simple et pratique. Elle n'a pas oublié, dans la rédaction qu'elle a adoptée, que, d'une part, les programmes s'adressent à des élèves étrangers à la langue et aux idées françaises, et que, d'autre part, l'application en sera confiée presque toujours à des moniteurs indigènes. Ces deux considérations lui imposaient d'un côté des visées très modestes, afin de rester dans les limites de ce qui est réalisable, d'un autre côté un soin particulier, une clarté et une rigueur de rédaction qui ne laissent prise à aucun malentendu. Elle s'est donc attachée à préparer des programmes détaillés qui, pour être longs, n'en sont pas moins très élémentaires. Les maîtres y trouveront tout ce qu'on peut raisonnablement enseigner à des Arabes ou des Kabyles dans une première année d'études primaires; mais ils ne devront pas chercher à dépasser le cadre qui leur est tracé.

Le plan d'études comprend :

1° Un tableau d'emploi du temps ;

2° Des programmes d'enseignement ;

3° Des conseils pédagogiques ;

4° Une série de leçons modèles.

Sur le tableau d'emploi du temps, une part prépondérante a été réservée aux exercices de français. La raison d'être de l'école indigène est surtout dans l'importance qu'il y a pour nous à répandre en Algérie notre langue, instrument nécessaire de nos échanges, véhicule de nos idées. L'intelligence du français est d'ailleurs indispensable aux enfants pour s'attacher avec quelque profit aux autres études primaires. Aussi, en dehors de la lecture, la Commission a réservé 9 heures par semaine aux exercices de langage. Elle a arrêté pour cet objet un programme qu'elle a longtemps discuté, et qui est la partie la plus originale de son œuvre. Partant de cette idée que l'étude du français ne tirera nul secours de l'entourage de l'enfant, n'empruntera rien au milieu dans lequel il vit, elle a arrêté, pour l'étude du vocabulaire et de la phrase, un ordre méthodique qui diffère essentiellement de celui que suivent les écoles ordinaires. Mais, dans son esprit, l'étude du français ne reste pas cantonnée sur quelques exercices spéciaux. Elle résulte de toutes les leçons de l'école. Géographie, arithmétique, dessin, travail manuel même : pas une matière qui ne contribue à enseigner le vocabulaire, à apprendre à s'exprimer. Il n'est pas jusqu'aux jeux, qu'un maître habile ne puisse mettre à profit.

Pour être fécond, un tel enseignement doit être oral : il vaut par la parole du maître et par le rôle actif qu'il fait jouer à l'élève. A cet égard, le moniteur aura à s'inspirer des conseils pédagogiques que la Commission a écrits en tête de chaque programme ; il aura à imiter les leçons modèles qu'elle a rédigées à son intention. S'il médite les instructions qui lui sont destinées, il se convaincra sans peine que l'enseignement du cours préparatoire ne s'adresse à la mémoire que par l'intermédiaire de l'intelligence, qu'il est inutile et même fâcheux de faire réciter à l'enfant des mots incompris, des définitions stériles ; qu'à cet effet, pas besoin n'est de mettre des livres entre les mains de l'élève. Le seul ouvrage qu'on puisse lui donner est le livret de lecture.

La Commission n'a pas voulu imposer aux maîtres une répartition mensuelle des matières. Elle a pensé qu'il faut leur laisser sur ce point une certaine initiative. Des causes régionales ou locales peuvent faire varier cette distribution. Mais, sans chercher l'uniformité qui n'est ni possible ni désirable, il demeure entendu que le programme doit être développé dans le courant de l'année scolaire. A cet effet, il est nécessaire que chaque maître fasse, à l'usage de son école, une répartition mensuelle qui convienne, et que conseille l'esprit de prévoyance le plus élémentaire.

La Commission a le ferme espoir que la publication du plan d'études imprimera une impulsion à l'enseignement dans les écoles indigènes ; mais elle ne se dissimule pas que le mouvement n'atteindra son plein effet que s'il trouve des instituteurs capables de le recevoir et de le transmettre. Le succès de l'œuvre repose tout entier sur l'instruction, le zèle et le savoir-faire des moniteurs indigènes. La France leur confie une mission noble entre toutes : celle d'élever leurs frères, de les initier à la plus belle et à la plus riche langue du monde. Elle les charge d'ouvrir leur intelligence à ces merveilleuses inventions qui font notre puissance, leur cœur aux sentiments de bonté, de générosité qui ont toujours animé le peuple français. Elle les fait participer enfin à l'œuvre de régénération qu'elle a entreprise en Algérie. S'ils parlent de la France avec une sincère sympathie et une légitime admiration, ils nous feront aimer en nous faisant mieux connaître, et ils serviront tout à la fois la cause du progrès. Faire pénétrer auprès de leurs coreligionnaires les lumières et les bienfaits de la civilisation : n'est-ce pas là une tâche digne de tenter leur orgueil ? Mais elle est aussi pénible qu'elle est grande, et elle exige du moniteur tous ses efforts et tout son temps, une instruction solide et un dévoûment sans relâche.

Le certificat d'études, le brevet même n'est qu'un faible commencement d'instruction. Le savoir dont il fournit la preuve n'est rien à côté de ce qui reste à apprendre. Les plus grands savants de l'humanité travaillent toute leur vie à acquérir des connaissances, et meurent avec le regret de n'être que des ignorants. Le moniteur peut juger par là combien il est peu instruit. Qu'il lise et relise ses livres d'étude ! c'est le moyen d'entretenir et d'étendre de plus en plus son bagage intellectuel. On n'est jamais assez instruit pour enseigner à de petits enfants. Mais il est une connaissance essentielle entre toutes pour le moniteur : celle de la langue française, qu'on ne conserve que par une pratique constante. Le maître indigène qui a le goût de la lecture n'a rien à craindre de l'oubli. Isolé au milieu des tribus, il a pour ami le livre qui occupe ses moments de loisir, le délasse de ses fatigues, le conseille et le ranime aux heures de découragement.

Le dévoûment se manifeste par l'exactitude à remplir ses devoirs, l'empressement à ouvrir l'école aux heures réglementaires, le soin qu'on prend des enfants. S'il est honnête, le moniteur se fait un scrupule de perdre une minute du temps qu'il doit à ses élèves. S'il est zélé, loin de s'ennuyer en classe et de soupirer après la sortie, il trouve les heures courtes, et craint toujours de ne pas les avoir suffisamment bien employées.

C'est que le bon maître aime ses élèves et se plaît au milieu d'eux. Il se montre doux dans ses conseils, patient pour ceux qui ont peu d'intelligence, indulgent pour ceux qui se trompent. Il n'ignore pas que la bonté et la justice gagnent les cœurs et sont les plus sûrs moyens de conduire les enfants. Comme il est aimé au moins autant que respecté, il n'a pas besoin, pour obtenir l'ordre, d'user des châtiments corporels, qui sont d'ailleurs formellement interdits.

Mais le moniteur aurait tort de se figurer qu'il a complètement rempli son devoir quand il a fourni les six heures de classe quotidiennes. Avant d'ouvrir son école, il doit savoir ce qu'il y fera et comment il le fera. Les maîtres les plus capables éprouvent le besoin de préparer la classe. Ils étudient sur des livres la matière de leurs leçons ; ils en arrêtent la forme, qui doit varier suivant les divisions. Ils inscrivent sur un *cahier de préparation* les exercices de chaque jour. Cette pratique est excellente, elle profite à l'élève, qui est assuré d'apprendre quelque chose, au maître lui-même, qui se perfectionne chaque jour davantage dans son métier. L'expérience ne s'acquiert que par l'attention et l'application que l'on apporte à l'enseignement. Un maître véritablement désireux de réussir n'est jamais satisfait de son travail.

Pestalozzi, qui est le modèle des instituteurs pour le dévoûment et la compétence, fut trouvé un jour pleurant au fond de son jardin parce qu'il n'avait pas été assez clair et assez intéressant dans une leçon qu'il venait de faire. Si les moniteurs ont l'amour de l'enseignement, ils auront les mêmes scrupules que Pestalozzi ; ils craindront toujours de ne pas être à la hauteur de leur tâche, et ce sentiment leur inspirera de fortes et saines résolutions.

Avec ces conseils sans cesse présents à leur esprit, les moniteurs devraient avoir les programmes sous leurs yeux, afin de les suivre pas à pas.

La Commission vous transmet donc les vœux suivants :

1° Que les programmes et l'emploi du temps soient imprimés sur un tableau qui restera affiché à l'école ;

2° Que le plan d'études complet forme une brochure dont un exemplaire sera déposé dans chaque école indigène ;

3° Que toute école préparatoire ait un registre qui sera affecté aux conseils que donnera l'instituteur français chargé de la surveillance.

Daignez agréer, Monsieur le Recteur, l'hommage de mon dévoûment très respectueux.

Le Rapporteur,
LACABE.

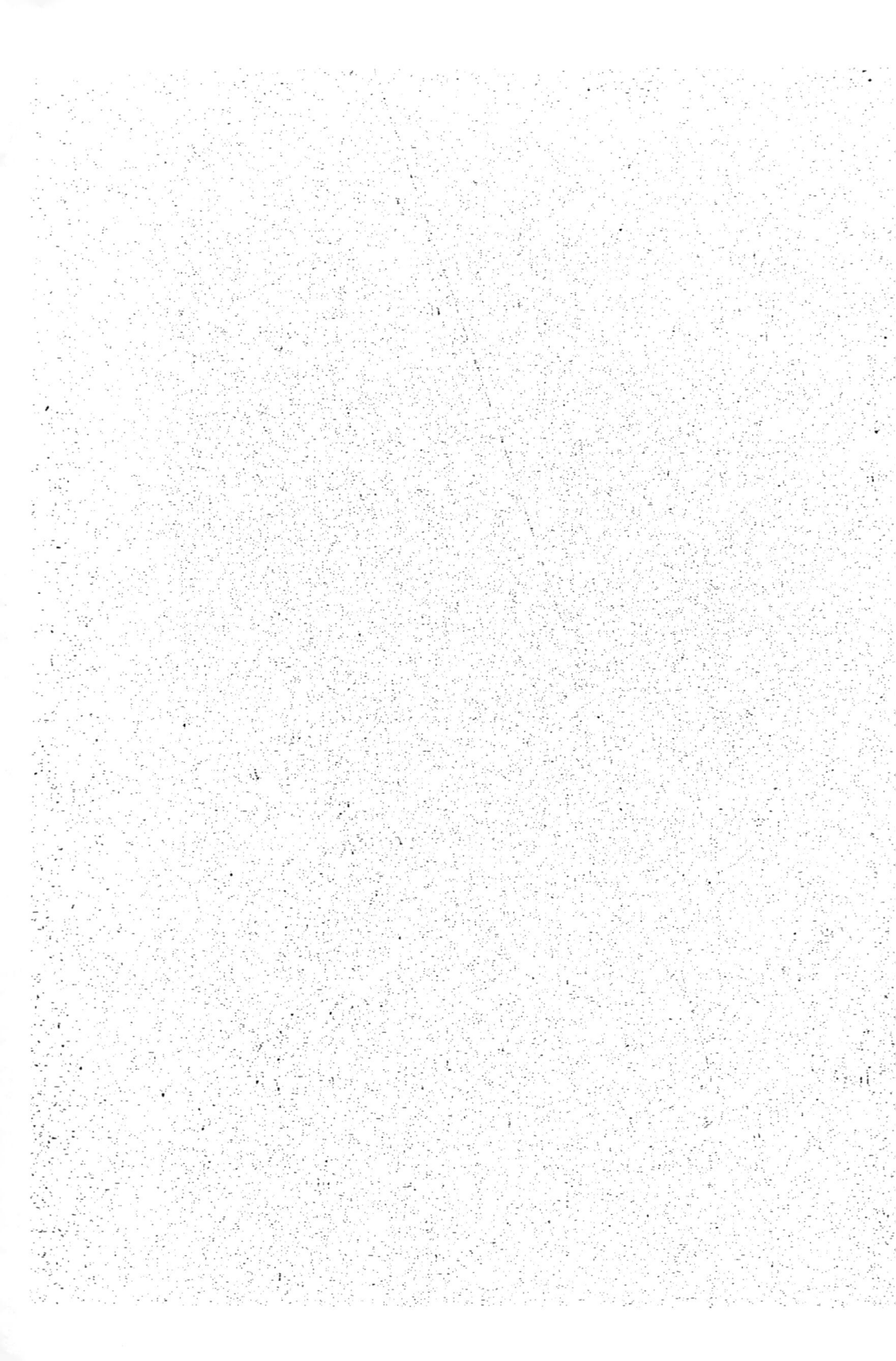

PLAN D'ÉTUDES

ET

PROGRAMMES

DE L'ENSEIGNEMENT PRIMAIRE

DES INDIGÈNES EN ALGÉRIE

I

EMPLOI DU TEMPS

Répartition horaire des matières d'enseignement. — Tableaux d'emploi du temps.

I

RÉPARTITION HORAIRE DES MATIÈRES D'ENSEIGNEMENT

	COURS PRÉPARA-TOIRE	COURS ÉLÉMEN-TAIRE	COURS MOYEN
Lecture	5	4	3
Exercices de langage.	9	5	1 1/2
Grammaire, orthographe et récitation . .	»	»	2
Rédaction française écrite	»	»	1
Morale	»	»	1
Histoire et instruction civique	»	1	2
Géographie	1	1	1
Calcul et système métrique.	3 1/2	5	5
Leçons de choses sur les sciences usuelles.	»	»	1
Écriture (dessin compris pour le cours préparatoire)	5	4	2 1/2
Dessin	»	2	2
Travail manuel	1 1/2	3	3
Récréation	5	5	5
TOTAUX.	30	30	30

Dans les écoles qui possèdent un atelier ou disposent d'un jardin, il est indispensable d'exercer les élèves au travail manuel et à la culture des plantes. C'est le moyen de donner aux indigènes de l'Algérie des habitudes de travail et de mettre à leur disposition des ressources qui leur manquent.

Partout où cet enseignement pratique pourra être organisé, une heure et demie sera passée chaque jour à l'atelier ou au jardin, si le temps et la saison le permettent. Les exercices manuels ou agricoles se feront à la fin de la classe du soir; à cet effet, la récréation de l'après-midi sera supprimée. L'instituteur placé à la tête de chacune de ces écoles, dressera un tableau d'emploi du temps qui sera soumis à l'approbation de l'inspecteur primaire. Il s'inspirera des tableaux imprimés plus loin, et se conformera à la répartition qui suit :

RÉPARTITION SPÉCIALE POUR LES ÉCOLES DISPOSANT D'UN ATELIER OU D'UN JARDIN

	COURS PRÉPARA- TOIRE	COURS ÉLÉMEN- TAIRE	COURS MOYEN
Lecture..	4	4	2 1/2
Exercices de langage.	7	5	1
Grammaire, orthographe et récitation. . .	»	»	2
Rédaction française.	»	»	1
Morale.	»	»	1
Histoire et instruction civique.	»	1	2
Géographie.	1	1	1
Calcul et système métrique.	3	4	4
Leçon de choses sur les sciences usuelles. .	»	»	1
Écriture (dessin compris pour le cours préparatoire).	5	3 1/2	2 1/2
Dessin.	»	1 1/2	2
Travail manuel.	7 1/2	7 1/2	7 1/2
Récréation.	2 1/2	2 1/2	2 1/2
TOTAUX.	30 »	30 »	30 »

II

TABLEAUX D'EMPLOI DU TEMPS

Suivant le degré d'instruction des enfants et l'effectif des élèves de son école, l'instituteur ou le moniteur adoptera l'un des trois tableaux d'emploi du temps ci-après:

Le premier convient à l'école qui n'a qu'un cours, le cours préparatoire.

Le second est arrêté pour les écoles à deux cours: cours préparatoire et cours élémentaire.

Le dernier est prévu pour les écoles où un troisième cours, le cours moyen, pourra être organisé.

On n'aura pas de peine à remarquer que chaque tableau reproduit sans modification celui qui le précède.

Les observations qui suivent sont communes à ces trois tableaux, savoir:

Promenade. — Les élèves seront conduits en promenade le premier mardi de chaque mois, si le temps le permet, le soir en hiver, le matin en été.

Inspection de propreté. — Le maître exigera la propreté du corps et des vêtements. Il fera laver les mains et la figure aux élèves qui ne les auront pas propres.

Entrée et sortie. — Avant et après chaque classe, avant et après chaque récréation, l'entrée et la sortie des élèves se feront au pas en chantant.

I. — TABLEAU D'EMPLOI DU TEMPS

(COURS ÉLÉMENTAIRE)

MATIN

De 7 h. 50 à 8 h. — Mise en rang. *Inspection de propreté.* Entrée en classe.
— 8 h. à 8 h. 1/2. — Lecture.
— 8 h. 1/2 à 9 h. — Écriture.
— 9 h. à 9 h. 1/2. — Exercice de langage.
— 9 h. 1/2 à 10 h. — *Appel. Chant. Récréation.*
— 10 h. à 10 h. 1/2. — Calcul oral ou écrit.
— 10 h. 1/2 à 11 h. — Exercice de langage.

SOIR

De midi 50 à 1 h. — Mise en rang. *Inspection de propreté.* Entrée en classe.
— 1 h. à 1 h. 1/2. — Lecture.
— 1 h. 1/2 à 2 h. — Écriture et dessin.
— 2 h. à 2 h. 1/2. — Exercice de langage.
— 2 h. 1/2 à 3 h. — *Appel. Chant. Récréation.*
— 3 h. à 3 h. 1/2. — Travail manuel les *lundi, mercredi* et *samedi.*
Calcul les *mardi* et *vendredi.*
— 3 h. 1/2 à 4 h. — Exercice de langage les *lundi, mercredi* et *samedi.*
Géographie les *mardi* et *vendredi.*

MATIN

7 h. 3/4 à 8 h. — **MISE EN RANG. — INSPECTION DE PROPRETÉ. — ENTRÉE EN CLASSE EN CHANTANT.**

9 h.1/2 à 10 h. — **APPEL. — CHANT. — RÉCRÉATION.**

Jours	Cours	8 h. à 8 h.1/2	8 h.1/2 à 9 h.	9 h. à 9 h.1/2	10 h. à 10 h.1/2	10 h.1/2 à 11 h.
LUNDI	CP	Lecture	Écriture A	Ex. de lang. M	Calcul oral ou écrit M	Ex. de lang. M
LUNDI	CE	Lecture (1)	Ex. de lang. M	Écriture	Calcul (dev.)	Lecture A
MARDI	CP	Lecture	Écriture A	Ex. de lang. M	Calcul oral ou écrit M	Ex. de lang. M
MARDI	CE	Lecture (1)	Ex. de lang. M	Écriture	Calcul N	Dessin (2)
MERCREDI	CP	Lecture	Écriture A	Ex. de lang. M	Calcul oral ou écrit M	Ex. de lang. M
MERCREDI	CE	Lecture (1)	Ex. de lang. M	Écriture	Calcul (dev.)	Dessin (2)
VENDREDI	CP	Lecture	Écriture A	Ex. de lang. M	Calcul oral ou écrit A	Ex. de lang. M
VENDREDI	CE	Lecture (1)	Ex. de lang. M	Écriture	Calcul N	Dessin (2)
SAMEDI	CP	Lecture	Écriture A	Ex. de lang. M	Calcul oral ou écrit A	Ex. de lang. M
SAMEDI	CE	Lecture (1)	Ex. de lang. M	Écriture	Calcul N	Dessin (2)

(1) Le maître emploie la moitié de son temps au cours préparatoire, pendant qu'il confie à un aide le soin de continuer la lecture au cours préparatoire et fait lui-même la lecture au cours élémentaire.

(2) Au commencement de la classe, le maître donne aux élèves du cours élémentaire des modèles pour le tracé du dessin, puis fait la leçon de langage pendant l'exécution.

SOIR

12 h. 3/4 à 1 h. — **MISE EN RANG. — INSPECTION DE PROPRETÉ. — ENTRÉE EN CLASSE EN CHANTANT.**

2 h.1/2 à 3 h. — **APPEL. — CHANT. — RÉCRÉATION.**

Jours	Cours	1 h. à 1 h.1/2	1 h.1/2 à 2 h.	2 h. à 2 h.1/2	3 h. à 3 h.1/2	3 h.1/2 à 4 h.
LUNDI	CP	Écriture et dessin A	Conv. dial. (3) et ex. écrit M	Écriture	Travail manuel M	
LUNDI	CE	Lecture A	Calcul M	—	Calcul A	Géogr. (5) M
MARDI	CP	Écriture et dessin A	Hist. mor. (3) et ex. gér. M	Écriture	Tr. man. (4) M	Ex. de lang. M
MARDI	CE	Calcul (dev.)	Lecture M	Histoire M	Lecture M	Géograph. M
MERCREDI	CP	Réd. orale (3) et ex. écr. M	Écriture et dessin A	Écriture	Travail manuel M	
MERCREDI	CE	Lecture M	Calcul M	—	Calcul A	Géogr. (5) M
VENDREDI	CP	Écriture et dessin A	Ex. de mém. (3) et ex. gér. M	Écriture	Tr. man. (4) M	Ex. de lang. M
VENDREDI	CE	Lecture A	Calcul N	Histoire M	Lecture M	Géograph. M
SAMEDI	CP	Écriture et dessin A	Dessin A	Écriture	Travail manuel M	
SAMEDI	CE	Calcul M	Lecture A	Hist. mor. (3) et ex. gér. M	Calcul A	Géógr. (5) M

CP cours préparatoire.
CE cours élémentaire.
M maître.
A aide.

(3) Le maître fait la partie orale de la leçon au cours élémentaire; pendant que les élèves de ce dernier cours font l'exercice écrit, il dirige l'exécution du dessin au cours préparatoire; pendant la deuxième demi-heure, les élèves du cours élémentaire continuent l'exercice écrit commencé, et le maître s'occupe des élèves du cours préparatoire.

(4) La leçon est commune aux deux cours pendant la première demi-heure; pendant la deuxième demi-heure, les élèves du cours élémentaire continuent l'exercice commencé, et le maître s'occupe des élèves du cours préparatoire.

(5) La leçon de géographie est commune aux deux cours.

III. — EMPLOI DU TEMPS (École à trois cours)

MATIN

7 h. 50 à 8 h. — MISE EN RANG. — INSPECTION DE PROPRETÉ. — ENTRÉE EN CLASSE EN CHANTANT.

9 h. 30 à 10 h. — APPEL. — CHANT. — RÉCRÉATION.

JOURS		8 h. à 8 h. 30	8 h. 30 à 9 h.	9 h. à 9 h. 30	10 h. à 10 h. 30	10 h. 30 à 11 h.
LUNDI	CP	Lecture (1)	Écriture et dessin A	Ex. de lang. M	Caleul oral ou écrit A	Lecture A — Dessin
	CE	Lecture	Exercice de lang. (2) M	Écriture A	Calcul (dev.)	Lecture A — Dessin (4)
	CM	Lecture	Ex. de lang. M	Écriture	Calcul M	Lecture A — Dessin
MARDI	CP	Lecture (1)	Écriture et dessin A	Ex. de lang. M	Caleul oral ou écrit A	Dessin (4)
	CE	Lecture	Ex. de lang. (2) M	Écriture A	Calcul (dev.)	Dessin (4)
	CM	Lecture	Orthog; (3) A	Écriture	Calcul M	Dessin
MERCREDI	CP	Lecture (1)	Écriture et dessin A	Ex. de lang. M	Caleul oral ou écrit M	Ex. de lang. M — Dessin
	CE	Lecture	Ex. de lang. (2) M	Écriture A	Calcul (dev.)	Dessin (4)
	CM	Lecture	Exercice de lang. (2) M	Écriture	Calcul M	Dessin
VENDREDI	CP	Lecture (1)	Écriture et dessin A	Ex. de lang. M	Caleul oral ou écrit M	Ex. de lang. M — Dessin
	CE	Lecture	Ex. de lang. (2) M	Écriture A	Calcul (dev.)	Dessin (4)
	CM	Lecture	Orthog; (3) A	Écriture	Calcul M	Dessin
SAMEDI	CP	Lecture (1)	Ex. de lang. M	Écriture	Calcul (dev.)	Dessin
	CE	Lecture	Exercice de lang. M	Écriture	Calcul M	Dessin
	CM	Lecture	Ex. de lang. M	Écriture	Calcul M	Dessin

SOIR

12 h. 50 à 1 h. — MISE EN RANG. — INSPECTION DE PROPRETÉ. — ENTRÉE EN CLASSE EN CHANTANT.

2 h. 30 à 3 h. — APPEL. — CHANT. — RÉCRÉATION.

JOURS		1 h. à 1 h. 30	1 h. 30 à 2 h.	2 h. à 2 h. 30	3 h. à 3 h. 30	3 h. 30 à 4 h.
LUNDI	CP	Lecture A	Écriture et dessin A	Ex. de lang. A	Tr. man. (8) M	Travail manuel M
	CE	Calcul M	Conv. histor. et ex. M	Écriture A	Lecture A	Géograph. M
	CM	Calcul M	Leçon de choses M	Histoire M	Travail manuel M	
MARDI	CP	Lecture A	Écriture et dessin A	Ex. de lang. A	Réc. moraux Réél. franç. (9) M	Géograph. M
	CE	Calcul (dev.)	Récit. et ex. M	Écriture A	Lecture A	Géograph. M
	CM	Calcul (dev.)	Orthograp. et gram. (6) M	Histoire M	Calcul A	Géograph. M
MERCREDI	CP	Lecture M	Écriture et dessin A	Ex. de lang. A	Tr. man. (8) M	Ex. de lang. M
	CE	Calcul M	Récital. (5) et ex. écr. M	Histoire M	Calcul A	Géograph. M
	CM	Calcul N	Rédaction A	Histoire M	Travail manuel M	
VENDREDI	CP	Lecture A	Écriture et dessin A	Ex. de lang. A	Lecture A	Calcul A
	CE	Calcul (dev.)	Réciat. (5) et ex. écr. M	Histoire M	Exerc. écrit	Écriture A
	CM	Calcul (dev.)	Rédaction A	Histoire M	Tr. man. (8) M	Ex. de lang. M
SAMEDI	CP	Lecture A	Écriture et dessin A	Ex. de lang. A	Calcul A	
	CE	Calcul M	Exerc. écrit	Écriture A	Travail manuel M	
	CM	Calcul M	Géograph. M	Histoire M	Travail manuel M	

Notes (Matin)

(1) Le maître emploie la moitié de son temps au cours préparatoire, pendant que les élèves des autres cours commencent la lecture, puis confie à un sous-maître ou aide le soin de continuer la lecture au cours préparatoire, et dirige lui-même l'exercice de lecture commun aux deux autres cours.

(2) L'exercice de langage est commun aux deux cours élémentaire et moyen.

(3) L'orthographe est dictée par un élève et le maître assiste à la correction.

(4) L'exercice de dessin est commun, quoique le sujet puisse être différent. Le maître donne les directions pour l'exécution; puis, pendant que les élèves travaillent, il s'occupe de l'exercice de langage au cours préparatoire.

Notes (Soir)

(5) La 1re partie de la leçon est commune aux cours élémentaire et moyen, puis elle reste spéciale au cours moyen, pendant que le cours élémentaire fait l'exercice écrit.

(6) L'orthographe est faite par un élève.

(7) Deux leçons d'histoire sont communes aux cours élémentaire et moyen.

(8) La leçon est commune à tous les élèves pendant la première demi-heure; les élèves des cours élémentaire et moyen continuent l'exercice commencé jusqu'à la fin de la classe, et le maître s'occupe du cours préparatoire de 3 heures 1/2 à 4 heures.

(9) La leçon est commune aux cours élémentaire et moyen.

(10) L'exercice de rédaction sera souvent le résumé de la leçon de morale. Dans le cas où le sujet sera différent, le maître...

CP cours préparatoire.
CE cours élémentaire.
CM cours moyen.
M maître.
A aide.

II

COURS PRÉPARATOIRE

—

Conseils pédagogiques. — Programmes. — Leçons modèles.

———

I

CONSEILS PÉDAGOGIQUES ET PROGRAMMES

—

I. — EXERCICES DE LANGAGE EN FRANÇAIS

CONSEILS PÉDAGOGIQUES

I. Objet. — L'élève indigène entre à l'école ne connaissant pas un mot de la langue française. Le plus urgent est de *l'exercer à parler*. Dès qu'il saura quelques mots français, que son oreille et sa voix seront habituées aux sons de notre langue, il aura plus de facilité pour s'instruire : ce travail préparatoire hâtera ses progrès en lecture.

On s'exprime au moyen de mots : les premières leçons de langage portent nécessairement sur le vocabulaire ; l'élève apprend les noms les plus employés, mais les noms *concrets*, ceux qui désignent les choses, les animaux, les personnes. S'il est exclusif cet exercice devient rapidement fastidieux. On lui donne de l'intérêt et de la variété, en le faisant servir à l'étude du verbe *avoir*, sous les trois formes affirmative, négative et interrogative. En même temps, il faut se hâter d'enseigner des verbes qui expriment des faits usuels, des actions qu'on puisse exécuter en classe. Ainsi l'élève arrive rapidement à comprendre et à formuler des jugements, à exprimer des idées qui parlent à son intelligence : le plaisir que lui procure ce résultat soutient son attention, stimule son activité.

Au cours préparatoire, le maître bornera son ambition à *obtenir de l'enfant qu'il sache composer une phrase d'une seule proposition*, dont les éléments soient un sujet, un verbe, un complément direct, et, au plus, un complément déterminatif. Comme étendue et comme construction, on ne dépassera pas les phrases des types ci-après :

> Le zouave a un pantalon rouge.
> Le cheval du spahi est grand.
> Je ferme le cahier de Lakdar.

En sortant de ce cours, l'élève emploiera les trois personnes, mais ne s'exprimera qu'au singulier, et n'aura à son usage que les trois temps : présent, passé indéfini, futur simple. C'est mince, dira-t-on. C'est pourtant beaucoup, si les *élèves savent bien le peu qu'on leur aura appris*. Il importe, en effet, de procéder avec une sage lenteur : vouloir aller vite serait retarder, compromettre même les progrès des élèves.

II. MÉTHODE. — La marche ne sera donc pas précipitée, mais elle sera progressive. La nature ne fait rien par sauts : pour suivre une méthode sûre, *on doit s'attacher à graduer les exercices*, à les disposer d'après une telle succession que l'élève n'ait à vaincre qu'une difficulté à la fois. Par là, les connaissances apprises servent de clef à celles qui restent à étudier. Pour prendre un exemple, c'est par une sorte d'éclosion que l'enfant est arrivé à exprimer cette phrase : *Le couscous de maman est chaud.* Les passages successifs sont : *Couscous. — Le couscous. — Le couscous est chaud. — Le couscous de maman. — Le couscous de maman est chaud.* — Le maître qui méconnaîtrait ou négligerait ces étapes donnerait un enseignement décousu et informe. Il se verrait plus tard obligé de recourir à des règles théoriques pour tâcher de combler les lacunes, de faire le jour là où il aurait introduit la confusion. Il demanderait à la grammaire, qui est une science abstraite faite pour les esprits mûrs, ce que la méthode expérimentale, qui est celle de l'enfance, donne plus sûrement et plus vite.

Il existe donc pour l'étude de la langue *un ordre naturel, qui n'est pas celui qu'on trouve dans les ouvrages de grammaire,* et que le programme a essayé de fixer. Les éléments essentiels du langage sont le *nom* et le *verbe*; puis vient l'*adjectif*. L'enfant exprime la plupart de ses idées avec ces trois seules parties du discours. Il les emploie sans se douter qu'on les appelle noms, verbes, adjectifs. Il n'a pas besoin de savoir conjuguer tout un verbe pour se faire comprendre, pour s'exprimer même correctement. Son langage comme sa pensée sont réduits à des rudiments ; sa phrase ne se développe et ne s'infléchit qu'à mesure que l'intelligence saisit des nuances plus délicates, des différences plus étroites.

Pour se conformer à la réalité des faits, le mieux est de s'inspirer des procédés qu'avec son admirable instinct d'éducatrice la mère emploie auprès de son enfant dont l'âme s'ouvre à la vie, en même temps que la bouche balbutie les premiers sons. Elle rend l'enfant attentif à ce qui se passe autour de lui, l'excite à voir, toucher, entendre, éveille l'intelligence en exerçant les sens ; elle l'instruit à propos de tout, et pourtant ne fait jamais de leçon. Elle le reprend doucement ; elle se répète avec une patience que ne lasse aucun insuccès. Rien n'égale les ressources de son esprit ingénieux, si ce n'est les trésors de son cœur plein d'affection. A l'âge de six ou sept ans, l'enfant élevé par une mère dévouée et vigilante a déjà fait une ample moisson d'idées et de mots ; il a surtout *les sens actifs, l'intelligence curieuse, l'âme ouverte aux impressions morales.*

Le même but est assigné aux exercices de langage du cours préparatoire ; la même méthode est recommandée. L'attention du maître se portera sur les trois points suivants : *prononciation, vocabulaire, construction.*

1° Prononciation. — Le maître parlera lentement. Il détachera les syllabes avec netteté. Il les prononcera à haute et intelligible voix. Il appellera l'attention des élèves sur les mouvements de la bouche et des lèvres, qu'il ne craindra pas d'exagérer pour les rendre plus sensibles.

L'élève sera repris chaque fois qu'il se trompera. Il redira les mots et les phrases après le maître. On ne se lassera pas de faire répéter jusqu'à ce que l'élève réussisse à articuler avec clarté et pureté.

En résumé, *il faut frapper l'oreille, assouplir la voix.*

2° Vocabulaire. — On n'enseignera aux élèves que les mots d'un usage courant, ceux qui répondent aux faits de la vie ordinaire : *noms concrets, actions matérielles, qualités physiques.* Mais le mot n'est de nul secours, si une idée ne s'y attache ; et il est nécessaire que *la notion entre dans l'intelligence avant que le terme soit confié à la mémoire.* Quand l'enfant a vu, touché, entendu, goûté, senti, le mot se présente à lui comme un besoin de son esprit ; il entre en prenant une signification nettement définie. *L'intuition sous toutes ses formes s'impose à propos de chaque leçon.*

S'agit-il de *noms*, n'employer au cours préparatoire que ceux qui désignent les objets que l'enfant voit à l'école (objets mobiliers, instruments dont se sert l'élève, les parties de son corps, ses vêtements, les objets du musée scolaire), puis autour de l'école (la cour, le jardin), enfin au dehors (la maison, le village, les animaux qu'il connaît). Montrer ce dont on parle, soit en nature, soit au moyen d'images.

S'agit-il de *verbes*, faire exécuter en classe et exprimer en même temps les actions telles que marcher, courir, sauter, entrer, sortir..... les simuler au besoin, comme pleurer, rire, manger, boire.....

S'agit-il *d'adjectifs*, mettre sous les yeux des élèves des objets auxquels ils conviennent, faire percevoir les qualités qui tombent sous les sens, les faire ressortir par voie d'opposition, de contraste, rapprocher *blanc* et *noir*, *grand* et *petit*, *fort* et *faible*, *doux* et *salé*, etc.

On débute par le nom. L'élève l'énonce seul, puis précédé de le, de un. Exemple : *chameau, le chameau, un chameau. — Arbre, l'arbre, un arbre.* — Cette triple répétition détache le mot de l'article avec lequel l'enfant le fusionne trop souvent, et elle a pour effet d'accoler au nom la notion du genre.

Presque simultanément, on étudie le verbe à la 3me personne du singulier, et sans distinction de conjugaison. On le joint d'abord à un nom propre, puis à un nom commun : *Ahmed marche, — La datte tombe.* Plus tard on lui donne un complément direct : *Ali boit le lakmi, — Le cadi porte le Koran.* On retarde jusqu'à la fin de l'année les exercices sur le passé et le futur.

En troisième lieu, vient l'adjectif qualificatif, qui nécessite l'emploi de est : *l'orange est jaune.* Les adjectifs sont principalement étudiés à propos d'une série de leçons qui concourent à l'éducation des sens.

A ces trois catégories de mots, ajoutez quelques pronoms, les adverbes et les prépositions les plus indispensables, vous aurez composé tout le vocabulaire de l'élève à la fin du cours préparatoire. Il ne faut pas viser à l'étendue, mais à l'exactitude, à la précision. Recommandation essentielle : *que le mot accompagne une idée, que toujours l'idée précède le mot.*

3° *Construction de la phrase.* — Les idées n'existent pas isolées dans l'esprit ; elles y entrent liées entre elles. Elles y constituent des jugements que nous exprimons sous la forme de propositions. Si le maître ne fait pas composer des phrases à ses élèves, ceux-ci feront leurs réflexions dans la langue arabe ou kabyle qui leur est familière, et ne prendront nul intérêt à la leçon.

Le maître pose une question ; l'élève est porté à répondre par un monosyllabe, par un mot. Le maître le reprend, articule une phrase complète, *la fait dire individuellement* au plus grand nombre d'élèves possible, *la fait répéter en chœur* à toute la classe. — *M.* — *A quoi sert la châchia ?* — *Él.* — *La tête.* — *M.* — *A la tête. A couvrir la tête ; la châchia couvre la tête.* — *Él.* — *La châchia couvre la tête.*

Pour éviter la réponse oui ou non, dont l'élève est porté à abuser, le maître exprime souvent une double interrogation. Au lieu de : *Ce lait est-il aigre ?* il dit : *Ce lait est-il aigre ou doux ?* L'alternative met l'élève dans la nécessité de composer une phrase pour répondre.

L'élève ne comprend pas toujours la question directe. Pour obtenir de lui des réponses, éviter qu'il prononce machinalement des mots sans les comprendre, le *maître trouvera avantageux de procéder par élimination.* Il demande si un corps possède telles ou telles qualités analogues à celles qu'il veut faire exprimer : l'élève les écarte successivement jusqu'à ce qu'il entende énoncer la qualité propre. Exemple : *De quelle couleur est cette olive ?* Pas de réponse. *Cette olive est-elle rouge ?... — Non. — Bleue ?... blanche ?... noire ?... verte ? — Oui, cette olive est verte.* Ou bien, après une série d'interrogations détournées, le maître pose la question qui fera trouver la réponse. De prime abord, l'enfant ne répond pas à cette demande : *En quoi cette gandoura est-elle faite ?* — Le maître dit : *Cette gandoura est-elle en alfa ?... en coton ?... en laine ?* L'élève répond non à chaque question. Le maître ajoute : *En quoi est-elle donc faite ?* — *En soie ; la gandoura est en soie,* répond l'élève.

S'il procède de la sorte, le maître sera moins porté à user en classe de l'arabe ou du kabyle. Il ne saurait à cet égard trop se défier de lui-même. Parler la langue vulgaire est aussi fâcheux pour les progrès des élèves que commode pour le moniteur. *Les traductions ne sauraient remplacer les moyens intuitifs.* S'il s'ingénie à tourner et retourner sa phrase, un maître habile se fait toujours comprendre en français. Dans les cas — de plus en plus rares à mesure des progrès, — où le moniteur se verra obligé d'employer la langue naturelle de l'enfant, *il encadrera dans ses questions ou ses explications tous les mots français dont l'élève est capable de comprendre le sens.*

Ce qu'il faut avant tout, c'est un *enseignement qui fasse*

parler. On ne craindra pas les redites. «*La répétition est l'âme de l'enseignement,* » a dit le père Girard.

III. MATÉRIEL. — Pour appliquer une pareille méthode, le maître doit disposer de divers intruments de travail : *musée scolaire, images.*

Le musée scolaire d'une école indigène se distinguera par une grande quantité d'objets, une infinie variété de matériaux. Produits naturels, produits fabriqués, instruments à l'usage soit des indigènes, soit des Européens, débris de diverses natures, choses vieilles ou neuves : tout est bon, tout peut y prendre place, parce que le moindre fétu fournit la matière d'une leçon de langage. Le musée scolaire se compose en un instant, s'augmente sans cesse, devient un vrai bazar. C'est la mine inépuisable de l'enseignement par l'aspect. Si le maître ne possède pas une armoire pour y enfermer ce qu'il peut appeler son trésor scolaire, une corbeille ou un sac suffira ; au besoin, quelques pointes retiendront les spécimens accrochés aux murs de l'école.

Le maître collectionnera toutes les images qu'il pourra se procurer, d'où qu'elles viennent. Ce seront des couvertures de cahiers, des gravures détachées des catalogues ou des journaux, des bons points illustrés, de l'imagerie à bon marché même. Les plus grandes images seront fixées au mur et serviront de décoration; l'élève les aura continuellement sous les yeux. La plupart seront fixées sur les feuilles d'un album, ou attachées en cahier, ou collées sur des cartons qui en assureront la conservation. Le maître les feuillettera souvent avec ses élèves, tout en fournissant des explications en français.

PROGRAMME :

Noms. — En montrant les objets, ou des images appropriées, le maître apprendra aux élèves les mots qui les désignent. Chaque nom sera répété par les élèves dans la forme de ces exemples : *cheval, le cheval, un cheval ; datte, la datte, une datte* (1).

Cet exercice durera du commencement à la fin de l'année ; il sera fait à l'occasion de tout ce qui se passe sous les yeux de l'enfant. On se conformera autant que possible à l'ordre

(1) Voir leçon I et leçon II.

suivant, d'après lequel les mots sont groupés méthodiquement :

École : *banc, tableau, livre, crayon*...
Corps humain (1) : *tête, bras, main, jambe*...
Vêtement : *babouche, soulier, chàchia, chapeau, burnous,
veste*...
Meubles : *table, chaise, armoire, lit*...
Ustensiles : *bouteille, balai, brosse, pelle*...
Outils : *marteau, clou, scie, mètre*...
Animaux : *cheval, âne, chameau*...
Jardin : *pelle, bêche, fumier*...
Plantes : *arbre, feuille, fleur, blé*...
Fruits : *raisin, grenade, orange, olive*...
Construction : *tente, gourbi, maison, mur, porte*...
Locomotion : *voiture, roue, selle, éperon*...
Accidents géographiques : *ruisseau, pont, montagne*...
Village : *chemin, rue, place, fontaine*...
Phénomènes naturels : *vent, pluie, rosée*...
Armée : *fusil, sabre, drapeau, zouave, spahi*...
L'homme : *homme, femme, enfant, garçon*...
Instruments de musique : *flûte, derbouka, tambour*...
Les jours de la semaine.
Les mois de l'année.

Le maître ajoutera lui-même tous les noms usuels qui ne
rentreraient pas dans cette classification.

Verbes actifs (2). L'élève exécutera quelques actions telles
que marcher, manger, boire, parler, rire... et les exprimera
à la troisième personne du singulier du présent de l'indicatif.
Exemple : Larbi marche, Ali mange.

Le nom propre sera remplacé par un nom commun : Le
livre tombe, le crayon roule.

La phrase aura un complément direct : Ali touche le tableau.

Adjectifs qualificatifs. — Emploi de est.

Les adjectifs les plus usuels, tels que grand, petit, joli, laid,
bon, mauvais... seront appris par la comparaison d'objets
ayant des qualités opposées, puis joints au nom par le verbe
est. Exemple : Ali est grand ; Salah est petit. Le chameau est
grand ; l'âne est petit.

De nombreux exercices s'adresseront aux cinq sens, ils seront dirigés de manière à faire naître les idées des qualités
avant de prononcer les adjectifs qui les expriment.

_____

(1) Voir leçon I.
(2) Voir leçon III.

Le toucher : dur, mou, solide, liquide, rude, lisse, lourd, léger, chaud, froid, frais.

La vue (1) : noir, blanc, rouge, bleu, jaune, vert, violet, rose, brun, — sombre, clair, — grand, petit, long, court, large, étroit, haut, bas, — droit, rond, pointu, aigu.

L'ouïe : fort, faible, doux, bruyant, haut, bas.

Le goût : sucré, salé, aigre, amer.

L'odorat : inodore, odorant, parfumé, bon, mauvais, agréable, désagréable.

Adjectifs démonstratifs ce, cet, cette. Exemple de phrases : Ce couscous est bon.

Emploi de je : Je marche. — Je roule une natte.

Emploi de il : Ali mange, il boit.

Emploi de elle : La datte tombe ; elle est mûre.

Emploi de tu : Tu bois. — Tu roules une natte.

Conjugaison des trois personnes du singulier du présent de l'indicatif. Exemple : Je ris, tu ris, Okbi rit. — Je mange la galette, tu manges l'orange, il mange le couscous.

Verbe avoir aux trois personnes du singulier du présent de l'indicatif. Exemple de phrases : Mohamed a un couteau ; j'ai un livre ; la charrette a deux roues.

La forme interrogative : oui, non. — Ahmed parle-t-il ? — Oui, monsieur. — Non, monsieur.

Le qui interrogatif (2). — Qui chante ? Qui ouvre la porte ?

Le que interrogatif. — Ahmed, que fais-tu ?

Combien dans les questions. — Combien l'école a-t-elle de portes ?

Le complément déterminatif (3). — Phrases modèles : La chéchia de Mohamed. — Je déchire la couverture du cahier. — Le cadran de la pendule est rond.

Adjectif employé comme épithète. — C'est une orange fraîche. — Le zouave porte un pantalon rouge.

Progression de la phrase. — Ali essuie. — Ali essuie le tableau. — Ali essuie le tableau noir.

Négation ne... pas. — Le fellah n'est pas riche.

(1) Voir leçon IV.
(2) Voir leçon V.
(3) Voir leçon VI.

Mots dérivés (1).

Noms dérivés de verbes. — Le chasseur chasse.

Verbes dérivés de noms. — La bêche sert à bêcher.

Noms dérivés de noms. — Le voiturier conduit la voiture.

Les rapports des jours : aujourd'hui, demain, hier, lendemain, veille. Exemple : Le vendredi est le lendemain du jeudi.

Adjectifs possessifs (2). — Emploi de mon, de ton, de son, de ma, ta, sa.

Adverbes : vite, lentement (3), — fort, doucement, — bien, mal, — plus, moins.

Prépositions : en, — sur, sous, dans.

Passé indéfini. — Les trois personnes du singulier.

Futur simple. — Les trois personnes du singulier.

Lire à haute voix des textes (4) *courts,* de 5 à 8 phrases conformes aux types qui précèdent ; les faire répéter ; poser des interrogations pour s'assurer que les élèves les comprennent, pour faire exprimer les idées par des phrases différentes. Répéter ces textes jusqu'à ce qu'ils soient appris par cœur. Les sujets en seront pris dans le milieu de l'élève : la maison, l'école, la basse-cour, les champs, les professions locales, etc...

II. — LECTURE-ÉCRITURE

CONSEILS PÉDAGOGIQUES

1. OBJET. — Lecture et écriture sont deux enseignements qui, au début, ne se séparent pas. L'expérience apprend que les progrès dans la lecture sont hâtés par l'exercice d'écriture qui l'accompagne. Le maître *enseignera donc simultanément* ces deux matières. A cet effet, il suffira que les mêmes lettres,

---

(1) Voir leçon VII.

(2) Voir leçon VIII.

(3) Voir leçon IX.

(4) Voir leçon X.

les mêmes mots servent de sujet à la leçon de lecture et à la leçon d'écriture. C'est pour affirmer ce rapport que, sur le tableau d'emploi du temps, l'écriture est placée immédiatement après la lecture. La succession de ces deux leçons rappelle au maître qu'il a pour devoir de faire servir à l'exercice écrit les mots, les phrases qui ont été précédemment lus par l'élève.

Mais lire n'est pas seulement traduire par des sons les caractères imprimés; c'est surtout comprendre le sens qui s'attache aux mots écrits. Cet exercice n'est pas purement vocal; il est essentiellement intellectuel. Le maître fait connaître aux élèves, autant que possible par des procédés intuitifs, la signification de ce qu'ils lisent. Il les intéresse à son enseignement par des exercices de langage sur les mots de la lecture, dans la mesure où le permettent les études faites sur le programme de français. La lecture mécanique est cependant l'objet capital de la leçon; mais, sans la négliger, on peut s'imposer la règle de *faire comprendre* tout ce qu'on veut *faire apprendre.*

La prononciation est le premier obstacle matériel que le maître rencontre. Les indigènes n'expriment pas sans peine certains sons français qui sont étrangers à leur langue. C'est de très bonne heure, quand les muscles sont encore dociles, qu'il faut exercer les enfants à les articuler. Les sons dont l'émission doit être très attentivement surveillée sont :

Les voyelles, **e, é, ê, o, u.**
Les voyelles nasales, **an, in, on, un.**
Les consonnes, **g, p, v, x.**

On fera distinguer par l'oreille certains sons que les indigènes confondent, et dont voici les principaux :

Au lieu de *u,* Arabes et Kabyles disent, *ou, o.*
    —   *é,* les Arabes disent *i.*
    —   *i,* les Kabyles disent *é.*
    —   *p,* Arabes et Kabyles disent *b.*
    —   *v,* les Arabes disent *f.*

Pour amener les élèves à une diction pure, on s'inspirera des conseils qui ont été donnés sur la prononciation à propos des exercices de langage.

II. MÉTHODE DE LECTURE. — Le choix d'une méthode est laissée à l'initiative et à l'intelligence du maître; mais certaines méthodes publiées pour les Français ne conviennent guère aux indigènes de l'Algérie. Elles renferment trop de mots qui sont abstraits, ou qui expriment des idées étrangères à leur milieu, à leurs habitudes d'esprit, et qu'il n'est pas possible de leur expliquer. Voici les caractères généraux auxquels on reconnaît une bonne méthode de lecture :

1° Des gravures accompagnent les lettres pour en faciliter la mémoire ;

2° Dès les premières leçons, l'élève lit des mots formés des lettres qu'il connaît ;

3° Presque tous concrets, les mots sont à la portée des enfants ;

4° Les caractères manuscrits et les caractères imprimés sont rapprochés de manière à permettre l'étude simultanée de la lecture et de l'écriture.

On ferait une grave erreur, si on se figurait que la rapidité des progrès dépend uniquement du livre adopté : la méthode vaut surtout par l'usage qu'on en fait. Afin d'en tirer parti, le maître se conformera scrupuleusement aux trois règles suivantes :

1. *On ne fait pas apprendre l'alphabet en entier ;* on l'étudie par petits groupes de 2 ou 3 lettres, dont chacun est suivi d'exercices d'application à des mots ou à des phrases ;

2. *Les lettres ne se lisent pas par leur nom habituel, mais par le son qu'elles prennent dans la syllabe.*
Pour b, c, d, f, on dit : be, ke, de, fe..... et non bé, cé, dé, effe ;

3. *La syllabe ne se décompose pas en lettres, mais en ses deux éléments simples,* l'articulation (b, c, ph, bl, cr....) et le son (a, o, an, ou....)

Pour épeler les mots :

mou, on dit : *m-ou* — mou
grain,   *gr-ain* — grain
chant,   *ch-an* — chant

III. APPLICATION DE LA MÉTHODE. — L'enseignement est collectif ; le cours préparatoire n'est pas sectionné ; il ne forme qu'une seule division dont tous les élèves reçoivent une même leçon ; l'instruction qu'on adresse à l'un profite à tous.

La leçon est faite de préférence devant un tableau mural à gros caractères. Pour la varier, et, au besoin, remplacer le tableau mural qui manque, le maître trace sur le tableau noir la matière de l'exercice. Dans les deux cas, au moyen d'une baguette, il montre les caractères, les mots, syllabe à syllabe ; les élèves les lisent, tantôt individuellement, tantôt ensemble. Le maître touche indifféremment des caractères imprimés et des caractères manuscrits, revient plusieurs fois sur le même mot, s'assure que *l'élève le regarde en même temps qu'il le prononce.*

Les mots ne sont pas lus dans un ordre invariable. Si l'on se conforme strictement à la suite arrêtée par l'auteur de la méthode, l'élève finit par savoir par cœur le tableau ou la page, puis récite sans lire.

Le maître n'interroge pas les élèves par rang de place ou de mérite. Questionnés à tour de rôle, les enfants sont moins attentifs ; l'imprévu, au contraire, les tient en haleine. Le maître s'adressera plus souvent à ceux qui sont naturellement distraits ou qui se laissent gagner par la dissipation.

IV. ÉCRITURE. — Les modèles d'écriture, empruntés, comme il a été dit, à la leçon de lecture sont tracés par le maître sur le tableau noir.

Les élèves les reproduisent sur l'ardoise, ou au crayon sur un cahier réglé.

Au début de la leçon, et chaque fois qu'il est nécessaire pendant que les élèves écrivent, le maître donne des explications sur le tracé des lettres.

Dès que leur instruction le permettra, les élèves feront, d'après leur livret, la copie du texte qui aura été lu et expliqué.

PROGRAMME

Il n'est pas arrêté de programme détaillé pour l'enseignement de la lecture et de l'écriture. La marche à suivre est imposée par la méthode qu'on a adoptée ; mais quelle qu'elle soit, tout élève doit savoir lire après *un an au plus* de séjour à l'école.

A titre d'indication, voici la liste des méthodes de lecture qui ont été spécialement rédigées pour les indigènes de l'Algérie :

Machuel .... Méthode de lecture et de langage à l'usage des
étrangers de nos colonies.
Jourdan, Alger.

Sabatier .... Méthode de lecture.
Jourdan, Alger.

Scheen et Mailhes. Méthode de lecture-écriture à l'usage des indigènes
et des kabyles.
Mauguin, Blidah.

Anonyme .... Premier livre de lecture à l'usage des jeunes indigènes.
Imprimerie Bouyer, Alger.

(Voir la leçon modèle XI.)

III. — CALCUL ET SYSTÈME MÉTRIQUE

CONSEILS PÉDAGOGIQUES

I. Objet. — L'arithmétique emploie un vocabulaire restreint
qui est vite appris; aussi cet enseignement donne-t-il des
résultats immédiats. D'ailleurs les indigènes algériens montrent des dispositions pour le calcul élémentaire; ils opèrent
avec sûreté et rapidité.

Mais il ne faudrait pas abuser de cette aptitude, pour faire
exécuter aux jeunes élèves de longues opérations sur des
nombres élevés : l'exercice serait monotone et fatigant. Des
enfants de 7 à 8 ans ne s'élèvent pas, en général, au-dessus
de la conception de la centaine. Les nombres de trois chiffres
et plus, ils les lisent ou les récitent sans se faire une idée
nette de leur grandeur : avant de compter par centaines, il
faut avoir longtemps compté par dizaines.

En arithmétique plus encore qu'en aucune autre matière,
on ne passe à une notion nouvelle que lorsque les *notions qui
précèdent sont sues très exactement.*

En outre, les nombres n'ont pas de sens pour l'enfant, s'ils
ne s'attachent à un objet matériel; l'élève ne se figure pas
quatre, mais quatre dattes, quatre moutons....: il conçoit non
des nombres abstraits, mais des *nombres concrets.* S'agit-
il de la numération, il compte des bûchettes, des noyaux,
des pierres, ou, sur le tableau, sur l'ardoise, des traits, des

points.....; s'agit-il de calculer, les opérations sont amenées par de petits problèmes sur les choses qui entourent l'enfant, plumes, crayons, livres, tables, carreaux de la fenêtre....; s'agit-il de système métrique, l'élève touche les unités, les manie, évalue les longueurs, mesure du sable, de l'eau, pèse des corps.....

Dès les premières leçons, la numération et les opérations se confondent ; l'enfant additionne, retranche, multiplie, divise de 1 à 10 avant de compter au-dessus ; de 1 à 20 avant de connaître des nombres plus élevés. Ces exercices ont l'avantage d'apprendre à l'élève, sans qu'il s'en doute, la raison et le rôle des opérations. Ils sont, au début, exclusivement oraux, et on les continue plus tard concurremment avec le calcul écrit.

En résumé, l'enseignement du calcul n'a pas uniquement pour objet de rompre l'élève à la pratique des opérations, il doit surtout l'amener à résoudre des questions usuelles, celles qui se présentent dans la vie journalière. Ces petits problèmes sont la matière d'exercices oraux aussi variés que possible.

II. MÉTHODE. — La numération s'apprend au moyen d'objets que l'on compte.

Chaque élève dispose du même matériel que le maître (bûchettes, brins d'alfa, cailloux, noyaux).

Le maître ajoute l'unité à elle-même, la retranche d'un nombre, procède de deux en deux, de trois en trois unités. Il exprime en même temps le résultat.

L'élève reproduit les mêmes gestes et répète les mêmes mots. On s'assure qu'il ne confond pas le rang avec le nombre, qu'il ne prend pas la 3e bûchette pour trois, la 4e pour quatre, etc.

Au-dessus de dix unités, on attache dix bûchettes en un faisceau, et on continue comme précédemment.

Dès que l'enfant saura compter par dizaines au moyen de bûchettes ou de brins d'alfa, on pourrra se servir de différents noyaux, les plus gros représentant des unités d'un ordre plus élevé. Ainsi :

Les noyaux d'olives désigneraient les unités.
Les noyaux de dattes désigneraient les dizaines.

Si cette convention était faite, les élèves formeraient les nombres avec le seul secours de 9 noyaux de chaque grandeur.

Toute leçon comprendra trois séries d'exercices, ou plutôt chaque exercice sera répété trois fois :

1° *Au moyen des objets* que l'on compte, qu'on ajoute ensemble, qu'on retranche les uns des autres.....

2° *Mentalement*, c'est-à-dire sur des objets qu'on nomme à l'enfant, qu'il connaît, mais qu'il ne manie pas.

3° *Par écrit*, au moyen de chiffres, soit sur le tableau noir, soit sur l'ardoise.

III. MATÉRIEL. — Toute école indigène sera pourvue du matériel ci-après :

1° *Une collection d'une grande quantité de brindilles*, alfa ou bûchettes, de un décimètre de longueur. Elle est absolument indispensable.

2° *Un nécessaire métrique*, c'est-à-dire l'ensemble des mesures usuelles du système métrique.

PROGRAMME

Exercices oraux. Les élèves apprennent en même temps à compter, à additionner, à soustraire.

De un à cinq (1): noms des nombres, addition et soustraction de l'unité.

De cinq à dix : noms des nombres, addition et soustraction de l'unité:

Écriture des nombres. Tracé des chiffres 1, 2, 3, 4, 5.
Tracé des chiffres 6, 7, 8, 9.

Le mètre (2) ; mesurer des longueurs en prenant le mètre comme unité.

Le mètre vaut dix décimètres, mesurer des longueurs en prenant le décimètre comme unité.

De un à dix : compter en montant, compter en descendant.

A partir de zéro, ajouter successivement deux unités jusqu'à dix.

Même exercice en partant de un.

Compter de deux en deux en descendant : 1° en partant de dix ; 2° en partant de 9. — Compter de 3 en 3, compter de 4 en 4.

---

(1) Voir leçon XIII.
(2) Voir leçon XIV.

Les différents moyens de décomposer en deux parties égales un nombre inférieur à dix, en se servant d'abord de noyaux, puis de points tracés sur l'ardoise : Exemple, six :

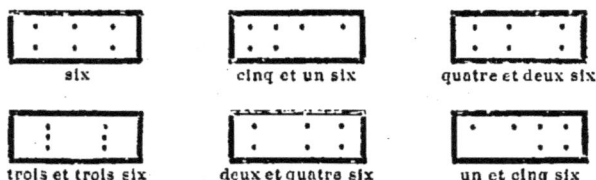

six   cinq et un six   quatre et deux six

trois et trois six   deux et quatre six   un et cinq six

Les nombres pairs de 0 à 10.

Le double et la moitié d'un nombre (1) ; le triple et le tiers ; le quadruple et le quart.

Petits problèmes oraux d'addition et de soustraction sur les nombres inférieurs à dix, faits d'abord au moyen de bûchettes ou de noyaux, puis résolus mentalement, puis par écrit.

De dix à quinze (2) : noms des nombres, addition et soustraction de l'unité.

De quinze à vingt : noms des nombres, addition et soustraction de l'unité.

De dix à vingt : décomposer les nombres en dizaines et unités.

De un à vingt : compter en montant, compter en descendant.

De dix à vingt : compter les nombres de deux en deux en montant et en descendant.

Compter de même de neuf à dix-neuf.

Les nombres pairs de dix à vingt.

Écriture des nombres compris entre dix et vingt.

Les signes + (plus) et — (moins).

Problèmes oraux, puis écrits, d'addition et de soustraction sur des nombres compris entre dix et vingt.

Le litre : mesurer du sable, de l'eau, au moyen du litre.

Le litre vaut dix décilitres : constater le fait par une expérience.

Petits problèmes d'addition et de soustraction de deux nombres, dans les limites de zéro à dix, de dix à vingt, sur les capacités.

Le franc : les pièces de 1, 2, 5, 10, 20 fr.

---

(1) Voir leçon XV.
(2) Voir leçon XVI.

Le sou : les pièces de 1, 2 sous ; 20 sous valent un franc.

Problèmes oraux et écrits sur le franc, le sou, avec des nombres inférieurs à vingt.

De vingt à trente : compter, additionner, soustraire ; faire tous les exercices indiqués de un à dix, de dix à vingt. Écrire ces nombres. Problèmes usuels.

De trente à quarante : comme précédemment.

De quarante à cinquante : comme précédemment.

De cinquante à cent : comme précédemment.

Addition. A un nombre de un ou deux chiffres, ajouter un nombre de un chiffre qui fasse varier le chiffre des dizaines : $8 + 3$; $18 + 3$..... exercice intuitif, puis mental, puis écrit. Problèmes d'application.

Soustraction. D'un nombre de deux chiffres retrancher une quantité plus grande que la valeur des unités : $15 - 7$; $25 - 7$.... ; cet exercice est intuitif, puis mental, puis écrit. Problèmes d'application.

Multiplication. Compter de deux en deux unités ; établir la table de multiplication par 2 ; l'apprendre par cœur, compter de trois en trois unités ; établir la table de multiplication par 3 ; l'apprendre par cœur.

Problèmes d'application.

Division. Poser les problèmes inverses des précédents, et faire servir la table de multiplication par 2 et 3 à la division par les mêmes nombres.

Le gramme : poids de 1, 2, 5, 10, 20, 50, 100 grammes. Combiner ces poids pour composer des nombres inférieurs à 100 grammes.

La balance : faire des pesées de quantités moindres que 100 grammes. A propos de pesées, petits problèmes oraux, puis écrits d'addition, de soustraction, de multiplication et de division.

Addition. Deux nombres de deux chiffres : 1° ne donnant pas lieu à la retenue (1) ; 2° cas de la retenue. Problèmes écrits.

Soustraction. Nombres de deux chiffres : 1° ne donnant pas lieu à la retenue ; 2° cas de la retenue. Problèmes écrits.

Multiplication. Établir la table de multiplication par 4, par 5 comme on a procédé pour 2 et 3 ; l'apprendre par cœur. Problèmes oraux.

---

(1) Voir leçon XVII.

Les signes ✕ (multiplié par) : (divisé par).

Applications aux échanges, achats, ventes, journées de travail, économie, mesurages, pesages, etc.

IV. — GÉOGRAPHIE

CONSEILS PÉDAGOGIQUES

I. OBJET. — Au premier degré, l'enseignement géographique n'a d'autre objet que de rendre *l'enfant attentif aux phénomènes naturels*. Il lui fait remarquer les choses qui l'entourent : le sol avec ses formes variées, l'eau qui le ronge sans cesse, l'homme qui le modifie à sa convenance. Un tel enseignement porte non sur des mots, mais sur des faits. Loin d'avoir un cadre restreint, il s'étend à tout ce qui frappe la vue : montagnes et vallées, terres et eaux, plantes et animaux, œuvre de la nature et travail de l'homme. C'est une *véritable leçon de choses ;* le maître fournit à l'enfant les seuls développements que comportent son âge et l'intelligence qu'il a de la langue. Celui-ci apprend les termes géographiques, *sans étudier aucune définition*, par la vue directe des choses; car une large part est faite à *l'observation*.

Ainsi comprise, la géographie se rattache aux exercices de langage, s'appuie sur toutes les études, rentre dans la catégorie des connaissances usuelles. Quoique le programme touche à des notions diverses, il est cependant fort restreint. Il ne fait que *préparer l'enfant à des études ultérieures*. A cet effet, il comprend à peine la dénomination des accidents géographiques avec des exemples pris sur les lieux, la première idée, posée comme un jalon, de deux pays : l'Algérie, qu'habite l'élève, et la France, à qui sa puissance et sa civilisation ont assigné le rôle du protecteur.

II. MÉTHODE. — En géographie, on *procède du connu à l'inconnu*. L'école et ses alentours, le village et ses dépendances fournissent la matière du cours préparatoire. Le maître conduit ses élèves au dehors, de préférence sur une hauteur, leur fait observer l'aspect du sol, la forme du terrain, qu'il caractérise par les *noms usités*. L'enfant qui aura vu, comprendra mieux et retiendra plus sûrement que s'il avait étudié une définition qui, pour lui, serait vide de sens.

Le relief de la commune donne *en petit l'image des accidents géographiques* qu'on ne peut montrer. Une comparaison et un agrandissement conduisent de la réalité à l'idée nouvelle. En partant du ruisseau, on s'élève à la conception du fleuve ; une butte, une colline figure la montagne ; un étang, un barrage même aide l'imagination à se représenter le lac ou la mer.

Les *promenades* sont l'occasion de cet enseignement par les choses, qui est si facile à donner, si attrayant à recevoir.

Enfin, il est indispensable de *reproduire*, dans la cour de l'école, *avec le sable ou l'argile*, les formes de terrain qu'on a observées dans les sorties ou dont il est question en classe.

III. MATÉRIEL. — Pour donner ces leçons, on se servira utilement des tableaux géographiques, par Félix Hément et Cicéri, librairie Delagrave.

PROGRAMME

La classe ; l'orientation :
Lever du soleil ; les quatre points cardinaux : Est, Ouest, Nord, Sud.

Les terres :
Montagne, djebel, mont, col ; colline, coudiat. L'Atlas.
Vallée, plaine, plateau. Les Hauts-Plateaux algériens.
Rochers, kef, terre végétale.

Les eaux douces :
Nuages, pluie, source, aïn.
Ruisseau, rivière, fleuve, oued ; embouchure. L'oued Chelif.
Rives droite, gauche, cascade ; affluent.
Lac, marais, chott.
Forêts, prairies, terres cultivées ; barrages, canaux, séguia.

Les eaux salées (1) :
Mer ; vagues.
Côtes ; plage. Mer Méditerranée.
Golfes, caps ; îles, presqu'îles ; détroits.
Ports, navires, phare.
Barques, pêche.

(1) Voir leçon XVIII.

Le désert :
Sahara, dunes de sable, simoun.
Oasis et puits ; palmiers et dattes.
Le chameau et les caravanes.

L'œuvre de l'homme :
Village, douar, bordj. La commune.
Ville ; Alger, Oran, Constantine.
Routes, ponts, kantara ; chemins de fer, tunnel, viaduc.
Ville voisine ; le département, son chef-lieu.

L'Algérie :
Tell, plateaux, Sahara.
Sédentaires et nomades ; Kabyles et Arabes.
Plantes cultivées : blé, olivier, oranger, vigne, chêne-liège.
Plantes sauvages : alfa, diss, palmier-nain.
Animaux domestiques : mouton, mulet, âne, cheval, bœuf.
Animaux sauvages : lion, panthère, singe, chacal, hyène.

La France (1) :
Sa richesse.
Sa puissance : armée, canons, navires.
Paris, capitale.
Marseille : ses rapports avec l'Algérie.

V. — DESSIN

CONSEILS PÉDAGOGIQUES

I. OBJET. — Le goût du dessin est naturel chez les enfants de tous les peuples : on le cultive en lui imprimant une direction, en lui fournissant un aliment. En dehors de ses avantages éducatifs, le dessin a une utilité pratique. Chez les Kabyles en particulier, l'école rendra, en l'enseignant, des services qui seront vite appréciés, car le dessin sera un élément de prospérité pour certaines industries locales qu'il faut encourager.

Cet enseignement a un triple objet : *donner à l'œil de la*

(1) Voir leçons XIX, XX, XXI, XXII, XXIII.

justesse, développer l'habileté de la main, former le goût.
Par la vue, l'enfant évalue la longueur des lignes, l'ouverture
des angles, le degré de courbure des traits ; la main reproduit
les formes avec une sûreté et une habileté qui s'acquièrent
par l'habitude ; enfin le sentiment de la convenance s'épure
par l'emploi de bons modèles. Ce résultat, il faut le demander
au *dessin à main levée,* à des exercices faits par les élèves
sans le secours d'instruments. Les modèles sont des ornements géométriques, de genre simple, des objets usuels de
forme régulière. Le *dessin d'après nature* est la seule vraie
méthode ; mais, au cours préparatoire, qui est une classe
d'initiation, il suffira de faire reproduire des dessins exécutés
au tableau noir.

II. MÉTHODE. — Le maître représente au tableau noir le
modèle qui sert de sujet de leçon. Il apporte tous ses soins
à l'exécution ; *il fait un dessin aussi grand que possible.*
Il appelle l'attention des élèves sur les *rapports des lignes,*
comparaison des dimensions en longueur et en hauteur, divisions essentielles, relation des formes, concordance des traits,
ensemble et détails. Il donne des conseils pour le *tracé,* point
de départ, base, lignes d'axe, décomposition des courbes.

D'après les indications du maître, l'élève exécute le modèle
sur une ardoise, ou avec un crayon tendre sur son cahier. Il
ne dessine jamais à la plume. Le dessin est d'abord tracé
d'une ligne légère, qui permette des rectifications. Quand ce
premier travail est terminé, l'élève repasse les traits pour
leur donner la forme et la force définitives.

Pendant l'exécution, le maître examine les essais des élèves, indique les corrections nécessaires, fait recommencer
les tracés trop défectueux.

Autant que possible, l'enfant aura sous les yeux l'objet
même que le maître aura figuré au tableau : ce rapprochement
lui facilitera l'intelligence du dessin.

Enfin, à propos de chaque modèle, on nommera l'objet, ses
parties, on fournira des explications qui soient à la portée
des élèves. Tous les enseignements de l'école doivent, en
effet, concourir à l'étude du langage.

PROGRAMME

Lignes droites. — Carré, tableau noir, domino.
Obliques parallèles.
Divisions de la ligne.

Construction du carré, divisions du carré, carrés intérieurs.

Rectangle : règle plate, décimètre.

Carrelage, parquet, barrière, mur, table, chaise (1), banc, échelle droite, échelle oblique.

Diagonale du rectangle. — Triangle, équerre, équerre de dessinateur.

Rosace rectiligne : ornements géométriques rectilignes.
Maillet, rabot, damier, maison, couteau.
Litre en bois, en fer-blanc.
Encrier, cafetière en fer-blanc, bidon, arrosoir.

Lignes courbes. — Raccordements de droites et de courbes.
Seau en fer-blanc, serrure, cadenas.
Hache, faux, faucille, serpe de jardinier, pelle, pioche.
Clef, chapeau kabyle.
Cuiller, fourchette, cuiller à pot.
Gourde, gargoulette, cruche arabe, marmite.
Scie, scie à main, tenaille, ciseaux, truelle, compas.
Montre, fer à cheval, clou.
Bouteille, verre, carafe.
Borne, fontaine.
Toupie, œuf.
Poids en cuivre, pipe.
Établi de menuisier, maison d'école.

VI. — TRAVAIL MANUEL

CONSEILS PÉDAGOGIQUES

I. OBJET. — Le travail manuel a pour but de développer la dextérité de la main. Il montre à l'élève qu'avec un peu d'habileté l'homme peut utiliser à son profit les matériaux dont il dispose. Aussi, tout en restant éducatif, doit-il prendre un caractère pratique. Si l'élève indigène rapporte à la maison un objet qu'il a fabriqué et dont la famille puisse se servir, l'école se fera apprécier par les parents ; le maître aura moins de peine à assurer la fréquentation.

---

(1) Voir leçon XII.

Au degré préparatoire, il ne saurait être question ni du travail du fer ni du travail du bois. En raison du jeune âge des élèves et de leur peu de force, on ne fera exécuter que des ouvrages qui n'exigent l'emploi d'aucun instrument. L'assemblage, le tissage, le tressage se font avec des matières flexibles de maniement commode. Ce sont les seuls exercices qui conviennent à ce cours.

II. MÉTHODE. — Le travail manuel ne se sépare pas de celui du dessin. Le plus souvent, le maître représentera au tableau l'objet à exécuter : cela est toujours possible pour les premières parties du programme, constructions et combinaisons, assemblage de lattes, tissage. Ce même modèle pourra servir aux élèves de sujet de dessin et de travail manuel.

Le maître commencera lui-même l'exécution pour montrer la manière de procéder. Chaque élève muni d'un matériel distinct imitera le travail du maître.

On conservera à l'école un spécimen de chacun des objets fabriqués par les élèves.

III. MATÉRIEL. — La matière première de ces travaux se réunit sans frais. Le maître peut la recueillir avec les élèves pendant les promenades. Elle comprend :

1° Des bâtonnets de 5 cent. et 2 cent. et demi. Il en faut une dizaine de chaque grandeur par élève. Toutes les essences d'arbre peuvent les fournir, pourvu que les branches soient de même grosseur.

2° Des règles plates de 10 ou 20 cent. Les lattes qu'on vend dans le commerce, coupées aux dimensions conviennent bien. On peut les remplacer par des roseaux divisés en deux dans le sens de la longueur ou par des tiges d'asphodèle, de scille maritime, de thapsia (bounafa, klakh), qu'on aplatit en les rognant sur deux côtés opposés.

3° Des rubans de papier pour le tissage. Les feuilles du palmier nain ou du palmier dattier, disposées en bandes de 1 cent. de large, seront d'un usage plus commode, car cette matière est plus rigide tout en étant aussi souple que le papier. Les résultats obtenus à l'école maternelle de la rue Scipion d'Alger par Mme Gauthier, qui emploie ce produit, sont des plus probants.

4° Enfin, des fils formés de fibres détachées du palmier, de l'aloès, ou bien des tiges de diss, d'alfa.

Les rubans de palmier, les fibres végétales, les tiges d'alfa produiront des effets variés si elles sont teintes de couleurs

3

différentes. Le teinturier de la tribu ne refusera pas de les
colorier sans rétribution.

PROGRAMME

Constructions et combinaisons. — L'élève est muni de
bâtonnets de 5 centimètres et 2 centimètres et demi. Il les
combine de façon à former : 1° des figures géométriques,
carré, rectangle, triangle, parallélogramme, trapèze, polygones,
polygones étoilés ; 2° des objets usuels, banc, table, chaise,
échelle, barrière, balcon, maison.

Assemblage de lattes. — L'élève est muni de règles plates
de 10 centimètres ou de 20 centimètres de longueur. En les
faisant passer dessus dessous, on les assemble de manière à
former des objets dont les parties se tiennent. Ce sont : 1° des
ornements géométriques ; 2° des objets usuels : barrière,
fenêtre, claie...

Tissage. — Il se fait au moyen de rubans de papier ou de
palmier de 1 centimètre de largeur. On les combine pour
former des dessins variés. Si les bandes sont de couleurs
diverses, elles ajoutent à l'agrément du dessin.

Tressage. — Les exercices se font au moyen de fibres de
palmier, d'aloès qu'on a séparées, de brins d'alfa, de joncs,
etc... Faire une corde, une tresse de trois, de quatre, de cinq
brins.

Vannerie. — Avec les mêmes matières, confectionner des
paillassons, des nattes rondes, ovales à frange ou sans
frange, des couffins, etc.

VII. — CHANT

Les moniteurs ne feront exécuter à leurs élèves que les
chants qu'on leur aura appris au cours normal.
Avant de les enseigner, ils en expliqueront les paroles par
une traduction.

Pour les faire apprendre, ils les chanteront aux élèves par petites phrases que ceux-ci répèteront.

Les élèves les exécuteront avec leur voix naturelle, qui est la voix d'enfant, sur un ton doux qui ne comporte ni cris ni éclats de voix.

VIII. — JEUX [1]

« Les heures de récréations ne seront pas des heures perdues pour l'étude de la langue. N'est-ce pas dans leurs jeux que les enfants s'animent et s'épanchent le plus? Le maître les y suivra; il se mêlera à leurs amusements, leur traduisant en français l'équivalent de ce qu'ils disent en arabe [2]. Sans réprimander ceux qui parleront arabe, il encouragera et récompensera ceux qui auront retenu ce qu'il aura dit et qui essaieront de le répéter en français.

» Après quelques semaines, les enfants auront retenu un certain nombre d'expressions et de petites phrases qui reviennent continuellement dans les jeux et que les livres ne leur apprendront point : C'est à moi de jouer, c'est mon tour ; je suis le premier, à toi maintenant, à refaire, qui commence? Cours, saute, j'ai gagné, tu as perdu, etc.

» De plus, c'est sans effort, sans contrainte, et comme à leur insu qu'ils auront acquis ces premières notions. Ils n'en seront pas moins tout fiers de leur petit savoir et encouragés à l'accroître. C'est une excellente besogne qui aura été faite. »

---

(1) De la manière d'enseigner les premiers éléments du français dans les écoles de la Basse-Bretagne, par M. Carré, inspecteur général.

(2) Arabe au lieu de Breton.

II

LEÇONS MODÈLES

—

I. — EXERCICES DE LANGAGE

1re LEÇON MODÈLE

LES PARTIES DU CORPS

Le maître apprend aux élèves le nom de certaines parties du corps. Dans une leçon, il suffit d'étudier cinq ou six noms. Pour un premier exercice, on n'emploie que des noms masculins.

1° Le maître montre l'organe et puis le nomme. En indiquant son bras, il dit : Bras, le bras, un bras.

Les élèves touchent en même temps sur leur propre corps l'organe désigné et répètent les paroles du maître.

> Bras, le bras, un bras.

On dit dans les mêmes conditions.

> Nez, le nez, un nez.
> Cheveu, le cheveu, un cheveu.
> Menton, le menton, un menton.
> Doigt, le doigt, un doigt.
> Pied, le pied, un pied.

2° Quand cet exercice est terminé, le maître touche une partie du corps sans la nommer; l'élève la touche en même temps, et la nomme.

3° Puis le maître nomme un organe sans le désigner du doigt : l'élève l'indique sur son corps, et répète le nom après le maître.

Comme on le voit, dans une leçon de ce genre, l'exercice prend trois formes qui peuvent s'appliquer à tous les objets qu'on montre soit en nature, soit par des images.

2ᵉ LEÇON MODÈLE

VERBE AVOIR

A mesure que l'élève apprend des noms nouveaux se rapportant à des parties de son corps, à des pièces de son costume, ou à des objets qui sont en sa possession, il les emploie avec le verbe *avoir* à la 1ʳᵉ personne du singulier. Il dit :

> J'ai un nez.
> J'ai une bouche.
> J'ai deux mains.
> J'ai un burnous.
> J'ai un couteau.

Le maître peut alors poser la question :

> As-tu un livre?
> As-tu une babouche?

L'élève répond dans les premières leçons par l'affirmative. Bientôt on pose des questions qui donnent lieu à des réponses négatives :

> Je n'ai pas une orange.
> Je n'ai pas un cheval.
> Je n'ai pas un jardin.

3ᵉ LEÇON MODÈLE

VERBES ACTIFS

On fait exécuter par un élève diverses actions. La classe les exprime en même temps. Le maître commande à un élève, à Ali, par exemple, de marcher. Pendant que l'action s'exécute, les élèves disent: *Ali marche.*

On procède de même pour les autres verbes :

> Ali marche.
> Ahmed mange.
> Salah boit.
> Hassan parle.
> Lounis crie.
> Mohamed chante.

Il est bien entendu qu'aux noms qui précèdent le maître fera substituer ceux de ses propres élèves.

Dans une seconde leçon, on étudiera de même l'emploi des mots : entre, sort, frappe, lave, rit, pleure.

Aussitôt que possible, le maître exercera l'élève à combiner des noms d'animaux avec les verbes déjà connus. De la phrase: Ali marche, on fait la phrase : — Le cheval marche, en appuyant fortement sur le mot marche. On compose des phrases sur ce modèle, en s'assurant au besoin par des traductions que les élèves comprennent le sens.

> Le chat entre.
> Le cheval sort.
> La vache marche.
> Le mouton boit.
> Le chien crie.
> L'oiseau chante.

Les phrases seront aussi nombreuses et aussi variées que possible. A cet effet, on accouplera le même verbe à une série de noms: le chat mange, le chien mange, le cheval mange, ou le même nom à une série de verbes : Le chameau marche, le chameau sort, le chameau boit....

4e LEÇON MODÈLE

LA VUE

Avant sa leçon, le maître fait choix d'objets de couleurs différentes : des feuilles de papier, des pelotons de fil, des morceaux d'étoffe.........
Pour une première leçon, les couleurs trancheront les unes sur les autres. On s'en tiendra aux suivantes : *blanc, noir, rouge, bleu, jaune.*
1° Le maître montre les couleurs, puis les nomme ;
2° Le maître montre les couleurs, puis les élèves les nomment ;
3° Le maître nomme des couleurs, et les élèves les montrent.
Chaque adjectif désignant la couleur entre dans une phrase :

> Le papier est blanc.
> Le papier est noir.
> Le papier est rouge, etc.....

Quand le maître s'est assuré que les élèves distinguent les couleurs, il leur demande de désigner des objets de telle ou telle couleur. Avec le nom indiqué, on construit les phrases suivantes, et d'autres encore que le maître et les élèves trouveront ensemble :

> Le burnous est blanc.
> La babouche est noire.
> La grenade est rouge.
> La chéchia est rouge.
> Le ciel est bleu.
> L'orange est jaune, etc.....

Dans une seconde leçon, on enseignera les adjectifs : vert, violet, rose, brun.

5ᵉ LEÇON MODÈLE

LE QUI INTERROGATIF

Le maître donne en particulier à un élève l'ordre d'accomplir une action. Ali est, par exemple, chargé d'écrire. Pendant ce temps, le maître amène l'emploi du *qui* interrogatif, et, en posant la question, il articule fortement le mot *qui*.

Le maître :	*L'élève :*
Mohamed, écris-tu ?	Non, monsieur.
Naïmi, écris-tu ?	Non, monsieur.
Lounis, écrit-il ?	Non, monsieur.
Salah, écrit-il ?	Non, monsieur.
Qui écrit ?	Ali, c'est Ali, Ali écrit.

On continue ces questions à propos de diverses autres actions. Qui chante ? — Qui sort ? — Qui ouvre la porte ? — Qui ferme le livre ?

Quand les élèves sont familiarisés avec cette forme de phrase, le maître les charge à tour de rôle d'interroger.

Un jeu, amusant pour les élèves, les amènera sans peine à se servir du *qui* interrogatif. C'est celui de la *main chaude*. Un élève a les yeux bandés, la main sur le dos ; un de ses camarades frappe sur la main. Quelqu'un est chargé de questionner le patient.

Qui frappe? Le premier essaye de deviner ; C'est Hassan, dit-il.

6ᵉ LEÇON MODÈLE

LE COMPLÉMENT DÉTERMINATIF

Le maître se fait remettre par les élèves divers objets leur appartenant. Il réunit leurs châchias, ou leurs cahiers, par exemple.

Montrant un objet, il demande à qui il appartient.

Le maître. — A qui cette châchia? — Les élèves. — A Salah.

Le maître. — Dites : La châchia de Salah. — Les élèves répètent.

On fait dire de même :

    La chéchia de Mohamed.
    Le cahier de Lahlou.
    Le livre de l'instituteur.
    Le tableau de l'école.
    Le cheval du caïd.

Quand l'élève s'est rendu compte de l'idée de propriété rendue par le mot *de*, il fait des phrases dans lesquelles le complément ou le sujet est formé d'une expression comme la précédente.

> Je prends le burnous de Salah.
> Tu ramasses le livre de Lahlou.
> Je bois le lait de la vache.
> Je tiens le cheval du spahi.
> Le fusil du zouave est lourd.
> L'épée du général est luisante.
> La mule du cadi galope.

7ᵉ LEÇON MODÈLE

MOTS DÉRIVÉS

Le maître fait comprendre le sens des mots ci-après : *chasseur*, *laboureur*, *etc.*..... Par des questions appropriées, il obtient de l'élève une phrase dans laquelle entrent le nom et le verbe qui lui sert de radical.

Ex. : le chasseur. Le maître dit que le chasseur a un fusil, qu'il est suivi d'un chien, qu'il cherche le lièvre et le tue : il chasse.

Le maître ajoute : Que fait le chasseur ?

L'élève : Le chasseur chasse.

On procède de même pour les autres mots et l'élève dit :

> Le laboureur laboure.
> Le marcheur marche.
> Le parleur parle.
> Le rieur rit.
> Le sonneur sonne.
> Le faucheur fauche.
> Le moissonneur moissonne.
> L'acheteur achète.
> Le vendeur vend.
> Le voleur vole.

Quand l'élève connaît un complément qui se rapporte à l'idée, on le lui fait ajouter :

> Le pêcheur pêche le poisson.
> Le conducteur conduit une voiture.
> L'administrateur administre la commune.

8ᵉ LEÇON MODÈLE

MON, TON, SON.

Le maître place à côté de lui divers objets qui lui appartiennent : turban, couteau, crayon, porte-plume, etc... Il s'adresse à un élève, et lui donne des ordres dans lesquels entrent les adjectifs *mon, ton*. Il s'attache à articuler ces deux mots très distinctement.

> Ali, touche mon turban.
> Ali, touche ton turban.

L'élève exécute en même temps les actions qui lui sont commandées.

> Ali, tire mon burnous — tire ton burnous.
> Salah, prend mon crayon — prends ton crayon.
> Salah, jette mon couteau — jette ton couteau.
> Omar, essuie ma plume — essuie ta plume.
> Omar, roule mon turban — roule ton turban.
> Mustapha, serre mon bras — serre ton bras.
> Mustapha, regarde mon doigt — regarde ton doigt.

Dans ses questions, le maître ne suivra pas toujours le même ordre ; il devra aussi employer le mot *ton* avant le mot *son*.

> Ahmed, plie ton cahier — plie mon cahier.
> Ahmed, essuie ton visage — baise mon épaule.

Dès que les élèves auront compris, le maître les chargera successivement de donner eux-mêmes les ordres.

C'est dans une seconde leçon seulement qu'on fait intervenir l'adjectif *son*. Le maître dit, et en même temps l'élève exécute l'ordre.

> Ali, touche le turban d'Ahmed, — touche son burnous,
> — touche son bras, — touche son menton.

Puis, ce sont les élèves qui commandent.

> Salah, plie le turban d'Omar, — ouvre son burnous, —
> porte son cahier, — aiguise son crayon.

Le maître multiplie les exemples à volonté.

Il procède de même pour enseigner l'emploi de *ma, ta, sa*.

9ᵉ LEÇON MODÈLE

ADVERBES : VITE — LENTEMENT

Le maître ordonne :

Ali, marche !
marche vite !
marche lentement !
Salah, écris !
écris vite !
écris lentement !

L'élève se conforme aux ordres qui lui sont donnés. Le même exercice est fait avec les verbes *lire, chanter, manger, boire,* etc. Il peut être commandé par un élève. Quand les élèves savent se servir des adverbes *vite* et *lentement*, on leur fait faire les exercices d'invention ci-après :

Le maître:	*L'élève :*
Comment court la gazelle ?	La gazelle court vite.
Comment marche la tortue ?	La tortue marche lentement.
Comment court le cheval arabe ?	Le cheval arabe court vite.
Comment marche le mouton ?	Le mouton marche lentement.
La vache mange-t-elle vite ou lentement ?	La vache mange lentement.
La paille brûle-t-elle vite ou lentement ?	La paille brûle vite.
Comment roule le chemin de fer ?	Le chemin de fer roule vite.
Comment monte la fumée ?	La fumée monte lentement.
Comment vole l'oiseau ?	L'oiseau vole vite.

On fait des leçons semblables pour *fort* et *doucement, bien* et *mal.*

10ᵉ LEÇON MODÈLE

TEXTE A EXPLIQUER

L'ANE

La leçon se fait au moyen d'une gravure qui est sous les yeux des élèves. Le maître lit :

L'âne a quatre pattes.
Il a deux longues oreilles.
L'âne est petit et fort.
Il porte des far .
L'âne mange de l .
Il est sobre.

Après la lecture, le maître explique les mots *patte, fardeau, sobre*.... Il fait répéter le texte phrase à phrase. Il s'assure par des questions que le sens en a été compris. S'il a des doutes sur l'intelligence de tel mot ou de telle phrase, il demande à l'élève de les traduire en son langage.

A la suite des explications, il fait répondre au questionnaire ci-après :

1. Combien l'âne a-t-il de pattes ? — L'âne a quatre pattes.
2. Combien l'âne a-t-il d'oreilles ? — L'âne a deux oreilles.
3. Qu'est l'oreille de l'âne ? — L'oreille de l'âne est longue.
4. L'âne est-il grand ou petit ? — L'âne est petit.
5. L'âne est-il fort ou faible ? — L'âne est fort.
6. Dites : l'âne est petit et fort.
7. Que porte l'âne ? — L'âne porte des fardeaux.
8. Que mange l'âne ? — L'herbe. — L'âne mange de l'herbe.
9. Mange-t-il beaucoup ? Boit-il beaucoup ? — Non.
10. Dites : il est sobre.

II. — LECTURE-ÉCRITURE

11e LEÇON MODÈLE

A titre de modèle, voici l'une des premières leçons de lecture. Nous supposons que l'élève connait déjà les quatre voyelles : **a, o, i, e**; les consonnes : **l, c**; l'objet de la leçon est les deux consonnes **d** et **s**. Avant la classe, le maître écrit ce qui suit au tableau noir :

d, *d*	**s,** *s*

da — do — di — sa — so — si
da — do — di — su — so — si
ad — od — id — as — os — is
ad — od — id — as — os — is

le cadi — le caïd — le dar os — le silo — saadi — sidi

1º Le maître fait lire les deux lettres **d** et **s**, sous la forme imprimée et sous la forme manuscrite. Quand l'élève les distingue bien, il passe aux combinaisons;

2º Il les fait d'abord lire dans l'ordre suivant : **da,** *da,* **do,** *do,* **di**............ **ad,** *ad,* **od,** *od*............ **is,** *is.* Puis il les fait lire sans ordre, appelant les élèves individuellement. Ali : **do;** — Salah : **so;** — Ahmed : **da;** — Larbi : **si;** et ainsi de suite;

3º Les applications viennent ensuite. Les élèves les lisent une première fois dans l'ordre du tableau, puis sans suite : **le cadi — sadi — os — le caïd**............ Ces mots sont à la portée des enfants; le maître les explique.

La leçon de lecture terminée, le maître écrit au tableau le modèle d'écriture ci-après, qui est transcrit sur les ardoises.

$$d, \qquad d, \qquad d, \qquad d, \qquad d, \qquad d.$$
$$s, \qquad s, \qquad s, \qquad s, \qquad s, \qquad s.$$
$$sidi, \qquad sidi, \qquad sidi, \qquad sidi.$$

III. — DESSIN

12ª LEÇON MODÈLE

Le maître dessine au tableau noir un modèle aussi grand que possible. Il écrit le nom au-dessous.

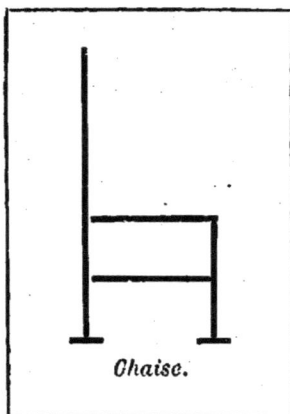

Chaise.

Le maître nomme l'objet, puis ses parties : *chaise, pieds, barreau, siège, dossier.*

En rapprochant une chaise du modèle, il fait comprendre que l'objet est dessiné vu de côté.

Il donne ensuite des explications sur les proportions qu'il fait constater par les élèves eux-mêmes.

Le siège forme un carré.

Le barreau le divise en deux parties égales.

Le dossier s'élève au-dessus du siège de une fois et demie sa hauteur.

Ces remarques faites, le maître indique et montre au tableau le tracé du modèle :

1° Une horizontale et une verticale sur lesquelles on marque les dimensions (fig. 1).

2° Le dessin exécuté avec des traits fins (fig. 2).

3° Le dessin définitif (fig. 3).

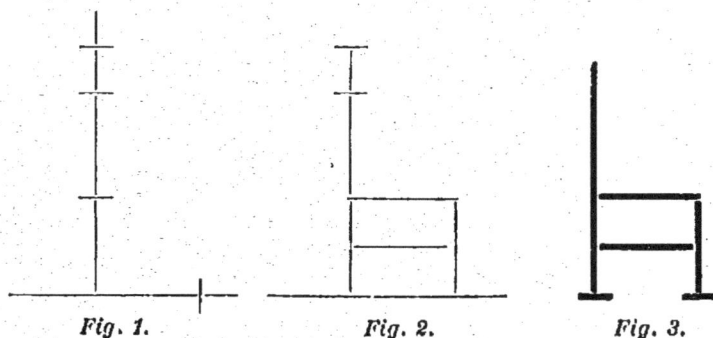

Fig. 1.   *Fig. 2.*   *Fig. 3.*

IV. — CALCUL ET SYSTÈME MÉTRIQUE

13e LEÇON MODÈLE

NOMBRES DE 1 A 5

Le maître montre un bâton ; il dit: un bâton.

Les élèves montrent un bâton ; ils disent: un bâton.

Le maître montre un doigt ; il dit : un doigt.

Les élèves montrent un doigt ; ils disent : un doigt.

Le maître montre un burnous ; il dit: un burnous.

Les élèves montrent un burnous ; ils disent : un burnous.

Le maître montrant un caillou dit : un caillou.

Les élèves disent... un caillou.

Le maître fait montrer 1 bâton, 1 doigt, 1 burnous par tous les élèves d'abord, puis par plusieurs élèves désignés successivement.

On procède de même pour deux, trois, quatre, cinq.

On fait ajouter un bâton successivement à un, deux, trois..., et on fait exprimer le résultat.

Un bâton et *un* bâton, *deux* bâtons.
Deux bâtons et *un* bâton, *trois* bâtons.
. . . .

On fait retrancher l'unité.

Deux cailloux ; je retire *un* caillou, j'ai *un* caillou.
Trois dattes ; je mange *une* datte, j'ai *deux* dattes,
et ainsi de suite, en restant toujours au-dessous de cinq.

14e LEÇON MODÈLE

LE MÈTRE

Le moniteur montrant un mètre dit : Mètre.
Les élèves répètent plusieurs fois ce mot.
Le moniteur continue ; les élèves redisent après lui :

Le mètre.
Un mètre.
J'ai un mètre.
Le mètre est en bois.
Le mètre est jaune.

Le moniteur approche le mètre du tableau, de la table, d'Ahmed, d'Youssef.

Il dit : Le mètre est-il plus grand ou plus petit que le tableau ? que la table ? que Ahmed ? etc... Le maître fait indiquer des longueurs de un, deux, trois mètres. L'élève dit :

Je compte un mètre.
Je compte deux mètres.
Je compte trois mètres, etc...

15e LEÇON MODÈLE

LE DOUBLE ET LA MOITIÉ D'UN NOMBRE INFÉRIEUR A DIX

Le maître fait former à chaque élève deux tas de deux bûchettes. Il les fait réunir en disant :

Deux bûchettes et deux bûchettes : quatre bûchettes.

Il les fait séparer en disant :

J'ai quatre bûchettes ; je retire deux bûchettes : j'ai deux bûchettes.
Quatre bûchettes est le *double* de deux bûchettes.
Quatre mandarines est le double de deux mandarines.
Deux bûchettes est la *moitié* de quatre bûchettes.
Deux mandarines est la moitié de quatre mandarines.

Le maître fait former un tas de deux bûchettes ; il dit : Doublez deux bûchettes..... Vous avez.... quatre bûchettes ; prenez la moitié de quatre bûchettes....
Les élèves exécutent les ordres et expriment les résultats.
On procède de même avec deux tas de trois, puis de quatre, puis de cinq bûchettes.

Quand cet exercice est terminé, le maître pose les questions ci-après :

Quel est le double de deux figues ? de quatre dattes? de trois billes ?...
Quelle est la moitié de quatre livres ? huit crayons ? dix élèves ? quatre burnous ?.....

16ᵉ LEÇON MODÈLE

NOMBRES DE 10 A 15

Notion de la dizaine. — Le maître compte 10 bûchettes dont il fait un paquet. Il dit : 1 dizaine de bûchettes. Les élèves répètent : 1 dizaine de bûchettes. Puis ils comptent 10 bûchettes, dont ils font un paquet. Le maître fait voir une dizaine d'élèves, 1 dizaine de doigts, etc.
La notion de dizaine bien établie, il n'y a plus qu'à procéder à l'étude de la numération des nombres de 10 à 15, comme il a été fait pour ceux de 1 à 5, en ayant soin de faire remarquer que les différents nombres 11, 12, 13, 14, 15 bûchettes se composent d'un paquet de 10 bûchettes ou 1 dizaine de bûchettes, et de 1, 2, 3, 4, 5 bûchettes.
Exemple : le maître et les élèves tiennent la dizaine de la main gauche ; ils approchent 1 bâton du paquet ; le maître dit et les élèves répètent : 1 dizaine et 1 bûchette, onze bûchettes, etc.

Application. — Les applications orales sont les mêmes que celles qui ont été désignées dans la première leçon. Ainsi ayant onze bâtons le maître dit : Enlevez un bâton ; que reste-t-il ?.... Dix bâtons, une dizaine de bâtons. — De douze oranges, vous enlevez une orange, vous avez onze oranges, etc.
L'écriture de ces nombres ne présentera aucune difficulté, si le maître a soin de faire remarquer que le 1 au second rang représente 1 paquet de bûchettes, qui vaut une dizaine de bûchettes.
Appeler toute l'attention des élèves sur la place et la valeur de la dizaine.

17ᵉ LEÇON MODÈLE

ADDITION DE DEUX NOMBRES DE DEUX CHIFFRES NE DONNANT PAS LIEU A LA RETENUE.

Le maître dit aux élèves de former un nombre de 24 bûchettes, ce que les élèves font avec quatre bûchettes et deux paquets. Il en fait placer au-dessous 12 autres d'après la même méthode. Voici la disposition :

Le maître dit aux élèves qu'ils vont réunir toutes les bûchettes ensemble, afin de savoir combien il y en a en tout.

On peut y réussir sans les compter les unes après les autres. On réunit d'abord les bûchettes séparées, en disant :

Quatre bûchettes et deux bûchettes : six bûchettes, puis les paquets de dizaines.

Deux paquets et un paquet : trois paquets.

On obtient la disposition ci-après :

et on lit trente-six bûchettes.

J'ai trente-six bûchettes.

Après avoir fait rétablir la disposition, le maître écrit ou fait écrire au tableau ces mêmes nombres d'après le même ordre. Il dit que l'addition peut se faire au tableau comme avec les bûchettes : on ajoute d'abord les unités, puis les dizaines de bûchettes.

2	4	bûchettes.
1	2	bûchettes.
3	6	bûchettes.

On exécute plusieurs fois la même opération en changeant les nombres, d'abord sur des bûchettes, puis au tableau noir et sur l'ardoise.

Le maître termine par des problèmes dans le genre de ceux-ci :

Ahmed a 26 dattes ; son père lui en donne 13. Combien en a-t-il ?

Ali a 32 oranges ; il en achète 26. Combien en a-t-il ? etc., etc.

V. — GÉOGRAPHIE

18e LEÇON MODÈLE

MER, CAP, ÎLE, ETC.

Le maître représente dans la cour les objets qu'il veut nommer : mer, terre, côte, île, golfe, cap, etc... Il emploie du sable pour les reliefs, et forme une espèce de bassin où il met de l'eau. En montrant aux élèves les accidents géographiques, il les nomme. Les élèves répètent le nom jusqu'à ce qu'ils l'aient prononcé d'une manière satisfaisante. Puis les mêmes noms sont redits avec l'article et avec l'adjectif indéfini : la mer, une mer, une île, une côte, la côte, etc.

Le maître n'aura à donner ni explications, ni définitions ; mais il pourra faire des remarques dans le genre de celles-ci : le cap et l'île sont formés par la terre ; la mer et le golfe renferment de l'eau.

On aura soin de dire que les vrais objets sont en réalité plus grands que ceux que les élèves ont sous les yeux.

19e LEÇON MODÈLE

LA FRANCE : IDÉE PATRIOTIQUE

La France est belle. — La France est un beau pays. — La France est la mère de l'Algérie. — Le Français est l'enfant de la France. — L'Arabe est l'enfant de la France. — Le Kabyle est l'enfant de la France. — Je suis l'enfant de la France. — La France est mon pays.

La France est bonne. — Elle aime ses enfants. — Elle aime l'Arabe. — Elle aime le Kabyle. — Le Français aime la France. — L'Arabe aime la France. — Le Kabyle aime la France. — La France instruit ses enfants. — Elle instruit le Français. — Elle instruit l'Arabe. — Elle instruit le Kabyle. — Mes enfants, aimez la France. — Vive la France !

20e LEÇON MODÈLE

LA FRANCE : ÉTENDUE, PARIS, MARSEILLE, RAPPORTS AVEC L'ALGÉRIE.

La France est grande. La France est un grand pays. La France a beaucoup de villes. La France a beaucoup de grandes villes.

4

Paris est une ville. Paris est une grande ville. Paris est une belle ville. Paris est la plus grande ville de la France.

Marseille est une grande ville. Marseille est une ville de France. Marseille est au bord de la mer. Marseille est un port de la France. Marseille est le plus grand port de la France. Le bateau part de Marseille. Il traverse la mer. Il arrive à Alger, à Oran, à Philippeville. Le bateau part d'Alger, d'Oran, de Philippeville. Il va en France. Il traverse la mer. Il arrive à Marseille.

La France est un grand pays.

Mes enfants, aimez la France.

Vive la France !

21e LEÇON MODÈLE

LA FRANCE : PUISSANCE

La France est forte. — La France a des soldats. — Elle a beaucoup de soldats. — Le Français est soldat de la France. — Le Français est un bon soldat. — La France a beaucoup de canons, de gros canons, beaucoup de navires, de gros navires.

La France protège ses enfants. — Elle protège le Français. — Elle protège l'Arabe, le Kabyle.

La France est forte. — Aimez la France, mes enfants. — Vive la France !

22e LEÇON MODÈLE

LA FRANCE : RICHESSE AGRICOLE

La France est riche. — La terre de la France est bonne. — Le Français travaille. — Il cultive la terre. — Il sème le blé, l'orge, etc. — Il récolte beaucoup de blé, d'orge. — La France est un jardin, un grand jardin, un beau jardin. — Le Français plante la vigne, le pommier, le poirier, l'olivier, l'amandier, le figuier, etc... Il récolte le raisin, la pomme, la poire, l'olive, l'amande, la figue, etc...

Le raisin de la France est bon. — La pomme de France est douce, bonne, sucrée, etc...

La France a beaucoup d'eau, de bois, d'herbe, de bétail. — Le mouton de France est gras. — Le bœuf de France est gros, fort, grand, etc... La vache de France a beaucoup de lait. — Le cheval de France est grand, gros, solide, etc...

La France est riche. — Mes enfants aimez la France. — Vive la France !

LA FRANCE : PRODUCTION INDUSTRIELLE

La France est riche. — Le Français travaille. — Il travaille bien. — Il travaille beaucoup.

Ce papier est blanc, bon, fort. — Ce papier vient de France.

Cette encre noire est bonne. — Cette encre vient de France.

Ce drap est beau. — Ce drap vient de France.

Cette toile est solide. — Cette toile vient de France.

Ce fil blanc, rouge, noir est fort. — Ce fil vient de France.

Ce fer est dur. — Ce fer vient de France.

Cette plume est bonne. — Cette plume vient de France.

Ce couteau coupe bien. — Ce couteau vient de France.

Cette image est jolie. — Cette image vient de France.

Résumé, etc..., etc...

La France est belle. — La France est grande. — La France est forte. — La France est riche. — La France est mon pays. — J'aime la France. — Mes enfants, vive la France !

Chacune des cinq divisions fera l'objet de plusieurs leçons que le moniteur pourra étendre et varier, sans sortir toutefois du cadre des idées et des phrases tracé ci-dessus.

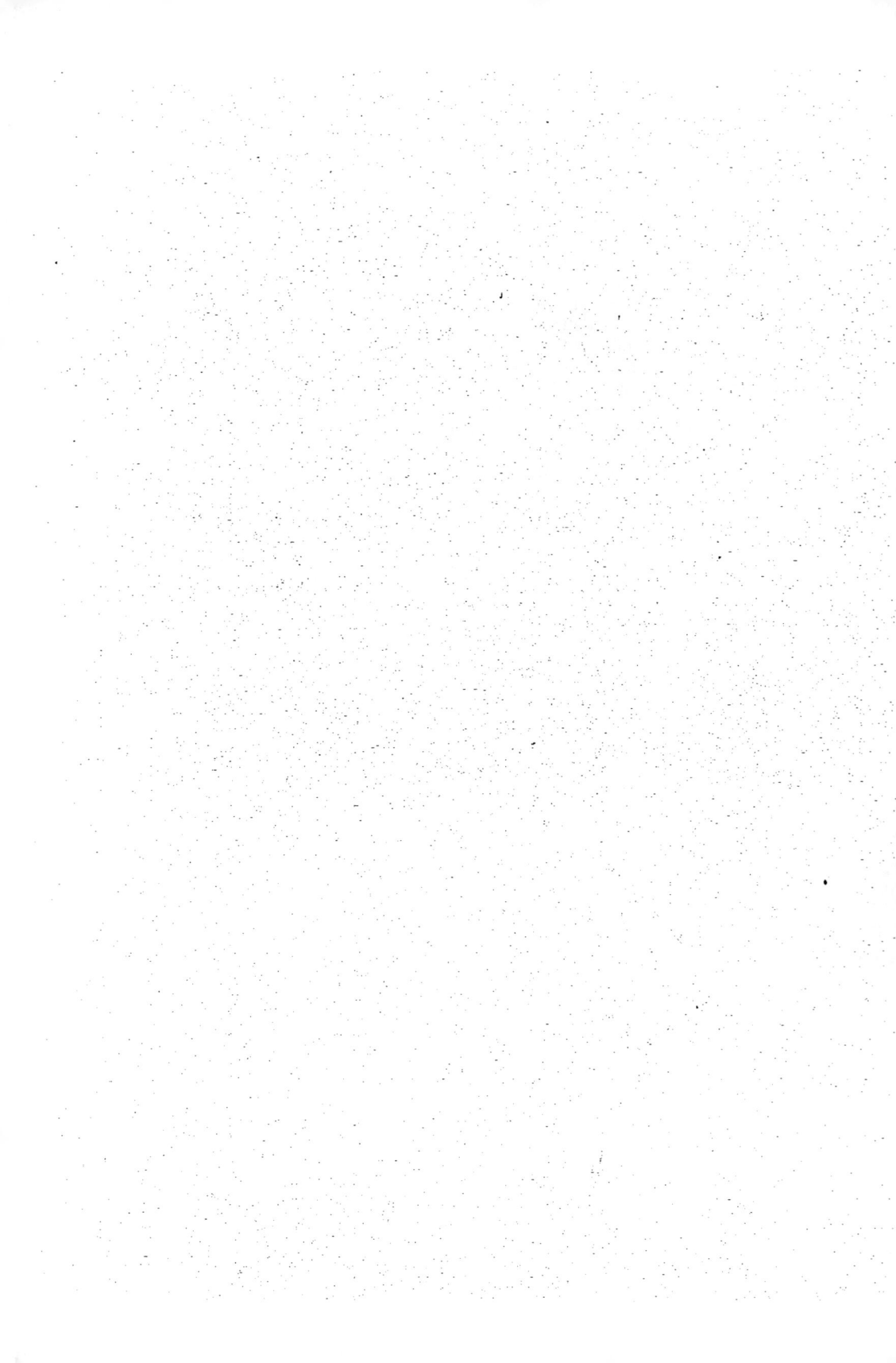

III

COURS ÉLÉMENTAIRE

Observations préliminaires. — Conseils pédagogiques. — Programmes. — Leçons modèles.

1

OBSERVATIONS PRÉLIMINAIRES

Ce plan d'études est le second degré de l'enseignement dans les écoles indigènes. Il est destiné aux élèves qui ont parcouru en entier et avec profit celui du cours préparatoire. Ces derniers constitueront une division distincte et recevront un enseignement commun, qui sera point par point le développement des matières indiquées plus loin. Comme ceux du cours préparatoire, les programmes du cours élémentaire seront étudiés *en une année*. Afin que le maître remplisse son programme dans le temps voulu, il arrêtera, pour s'y conformer, une *répartition mensuelle* des matières analogue à celle qu'il a préparée pour le degré inférieur.

Dans les écoles où le cours élémentaire pourra être établi, le maître aura sous sa direction deux groupes d'élèves recevant chacun un enseignement différent. Or, il est nécessaire que les *deux divisions travaillent simultanément*, car les élèves vont à l'école pour faire de leur temps le meilleur emploi possible, et c'est par l'oisiveté que la dissipation et l'indiscipline se glissent dans une classe. Le tableau d'emploi du temps qui a été adopté indique avec précision la manière d'organiser le travail. Il prévoit le concours d'un aide chargé de certaines leçons, de diverses répétitions au cours préparatoire. L'action de cet aide a besoin d'être surveillée et contrôlée. Le maître aura assez d'activité pour que, tout en faisant sa leçon, il voie et sache ce qui se passe dans la division dont l'aide est chargé. A l'autorité dont manque ce dernier, il suppléera par *sa propre vigilance*. En outre, l'aide n'a aucune expérience pédagogique; il fera fausse route si l'instituteur ne lui a pas délimité sa tâche très exactement, si, au début de la leçon, il n'a pas, par l'exemple, montré les procédés à employer pour enseigner avec intelligence et avec fruit. Est-il besoin d'ajouter que, quel que soit le désir de fournir de bons aides au cours préparatoire, on ne doit pas charger les mêmes élèves de cette fonction ? Quand ils enseignent aux plus jeunes, les aides font le sacrifice des leçons que donne le maître à leurs camarades du même cours. *Un roulement quotidien* sera établi entre tous les élèves qui sont capables de servir d'aides; et le maître s'efforcera de combler par des leçons supplémentaires les lacunes qui pourraient résulter dans leur instruction du service qui leur est imposé.

Ces conseils s'ajoutent à ceux que contient le rapport placé en tête de ce volume. Enfin, il est important, dans l'intérêt des études des cours élémentaire et moyen, que les instituteurs ne perdent pas de vue les recommandations suivantes :

1° Ne se servir de la langue arabe ou kabyle que lorsqu'il est absolument impossible de se faire comprendre en français sans le secours de la traduction ;

2° Obliger les élèves à parler français entre eux et avec le maître, soit en récréation, soit en classe ;

3° Exiger comme réponses des phrases complètes; corriger toutes les fautes de langage ;

4° Ne pas craindre de se répéter pour être compris, de faire répéter pour vaincre les difficultés de prononciation et habituer aux constructions françaises;

5° Faire des révisions hebdomadaires et mensuelles, afin de rappeler ce qui a été oublié, de mesurer le chemin parcouru.

II

CONSEILS PÉDAGOGIQUES ET PROGRAMMES

—

I. — LECTURE

CONSEILS PÉDAGOGIQUES

Au cours préparatoire, les élèves ont eu raison des premières difficultés mécaniques de la lecture. Ils ont appris à lire des syllabes, des mots, et même des phrases ; mais ils sont bien loin encore de lire couramment.

Comme ils ont appris à lire syllabe à syllabe, ils sont inhabiles à former les mots, et ce défaut est un obstacle à l'intelligence du texte. Ils scandent les syllabes une à une, donnant à toutes même ton, même durée. Le maître les exercera le plus tôt possible à lire d'un seul coup d'œil le mot entier, et même plusieurs mots de suite. Une des règles essentielles de la lecture est, en effet, que la *vue précède la parole*.

Soit par l'inattention du maître, soit par la maladresse de l'aide, les élèves, en apprenant les premiers éléments de la lecture, contractent parfois l'habitude de chantonner. Cette musique traînante et langoureuse est difficile à combattre, si elle est ancienne. De bonne heure, les élèves doivent *lire comme ils parlent*.

A cet effet, le maître lira à haute voix, par petits paragraphes, aux élèves qui écoutent et suivent, le texte qu'ils ont à lire à leur tour. Les qualités de sa diction seront la clarté et le goût. Les élèves imitent avec une sûreté remarquable. *Ils lisent toujours comme leur maître*.

La prononciation fera l'objet d'une surveillance attentive. Des conseils ont été donnés à ce sujet à propos du cours élémentaire ; il ne faudra pas les perdre de vue. Les sons *u*, *é*, *p*, *g*, *v*, *l*, *an*, *in*, *on*, *un* sont ceux que les indigènes prononcent avec le plus de peine. Communs ou individuels, les vices de prononciation s'accentuent et s'enracinent par une lecture précipitée. Pour bien lire, la condition est *de lire très lentement.*

Il est avantageux pour les élèves de lire plusieurs fois le même texte ; mais il ne faudrait pas que cette répétition allât jusqu'à faire apprendre par cœur le chapitre du livret : car alors l'élève *réciterait sans lire,* et ne ferait plus de progrès. La page à lire changera au moins à chaque leçon.

Enfin, il ne paraîtra pas superflu de renouveler le conseil *de faire comprendre* ce qui est lu. Pour cela, avant la lecture, le maître donnera toutes les explications nécessaires ; pendant et après la lecture, il demandera aux élèves d'exprimer le texte en termes différents. Les élèves ne sont que trop portés à lire machinalement, sans effort d'intelligence. Leur attention sera tenue en éveil, s'ils ont à rendre compte de la lecture par voie de réponses à un questionnaire approprié.

II. — EXERCICES DE LANGAGE EN FRANÇAIS

CONSEILS PÉDAGOGIQUES

Les exercices de langage du cours élémentaire sont la continuation naturelle, la suite logique des exercices semblables qui ont été faits au cours préparatoire. Le programme n'est pas conçu d'après des idées différentes ; la manière d'enseigner ne varie pas : *même plan, même méthode.* Le maître se reportera donc aux conseils déjà donnés ; il les appliquera avec un égal soin, et il en obtiendra d'autant plus de résultats que les leçons antérieures auront mieux disposé les élèves à profiter. Il serait inutile et même fâcheux pour les études d'aborder ce programme avant que celui qui précède fût parcouru en entier. Les progrès en seraient retardés ; et il y aurait dans leur connaissance pratique du français des lacunes que rien ne comblerait. Mal préparés au début, les enfants prendraient l'habitude d'un langage incorrect dont ils ne se débarrasseraient plus guère.

Les élèves savent donc composer une phrase de construction simple à une seule proposition ; ils ne s'expriment qu'aux trois personnes du singulier des temps présent, passé indéfini, futur simple. Ils ont certainement appris par là force des choses quelques tournures moins élémentaires ; mais ces expressions ou ces formes acquises par les relations de l'école, les rapports entre camarades pendant le jeu, ou les conversations au dehors avec des Français, n'ont pas fait l'objet d'exercices systématiques. Néanmoins le maître en tirera parti pour les leçons ; mais sous le prétexte que les enfants emploient certaines constructions, il aurait tort de se dispenser des exercices qui s'y rapportent.

Le programme doit être scrupuleusement suivi pas à pas ; car, liées par un enchaînement nécessaire, les parties en ont été disposées en vue de l'ensemble. Il a été arrêté de manière à mettre l'élève en possession des formes de construction les plus usuelles, et il lui assigne pour but la phrase à deux propositions ; il est complété par quelques notions très élémentaires de grammaire.

1° VOCABULAIRE. — Au cours élémentaire, pas plus qu'au cours préparatoire, on ne doit enseigner un grand nombre de mots ; mais il faut s'efforcer de les faire entrer dans l'esprit de l'enfant avec une signification bien précise. Ne servent dans le langage que les termes que l'on comprend.

Jusqu'à présent, le maître n'a employé dans ses leçons que des mots concrets ; il a évité, autant que possible, les idées morales et surtout les termes abstraits. Il ne sera plus tenu à la même réserve. Tout en continuant à nommer les êtres que l'enfant voit, à désigner les qualités physiques des corps, à exprimer les actions matérielles, tout en entrant même dans des détails à cet égard, il n'hésitera pas à enseigner les noms, les adjectifs, les verbes se rapportant au monde moral. L'enfant a été initié, — que l'instituteur l'ait voulu ou non, — aux idées de bonté et de justice, d'obéissance et de courage : il est temps de lui faire connaître les mots qui les expriment. L'esprit les aura déjà réclamés comme un besoin, et ils contribueront à dégager plus nettement des notions encore un peu confuses.

Le programme énumère les termes abstraits les plus employés ; mais la liste est arrêtée à titre d'indication seulement. Les circonstances appelleront tel mot avant tel autre ; les incidents de la vie scolaire amèneront le maître parfois à augmenter, parfois à réduire la portée de son enseignement. L'énumération n'a donc rien d'absolu ni quant à l'ordre à suivre, ni quant à l'extension à lui donner. Mais l'attention des maîtres doit se porter sur le groupement des mots :

1º *On a rapproché le nom, l'adjectif et le verbe qui se rapportent à la même idée ;*

2º *On a opposé à chaque terme son contraire.*

Le groupement adopté apprend trois mots à l'enfant, en ne lui demandant que l'effort nécessaire pour en retenir un, et par là soulage la mémoire. L'opposition des mots a pour effet d'en délimiter le sens, et par là fait connaître la propriété des termes.

Mais il est une méthode intuitive pour enseigner les mots abstraits comme les mots concrets. Au moyen d'objets ou d'images qu'on montre, on fait naître les idées des choses, des propriétés et des actions matérielles. De même la conduite des élèves, leurs qualités et leurs défauts, les historiettes que le maître connaît ou qu'il invente sont le point de départ des idées morales. D'abord des exemples qui parlent à la raison, à l'imagination, au cœur de l'enfant ; la notion abstraite et le mot qui la représente viendront en manière de conclusion. Dans le domaine moral, comme dans le domaine physique, on procède *des faits aux idées, des idées aux mots.*

2º CONSTRUCTION DE LA PHRASE. — Le mot n'est que l'élément de la construction, et il ne prend toute sa valeur que lorsqu'il entre dans une proposition. Or c'est le verbe qui est le ressort de la phrase. Il est susceptible de terminaisons très variées suivant les nuances de sens qu'il exprime ; il se modifie d'après l'époque de l'action, son degré de certitude, le nombre et la nature des personnes qui agissent. L'ensemble des formes correspondant à ces circonstances constitue la conjugaison, qui ne s'apprend que par un long usage et des conversations continuelles. A force de parler, d'employer souvent les mêmes tournures, il s'établit un lien étroit entre la nuance de la pensée à exprimer et la forme verbale qu'elle revêt ; le rapport devient si intime que celle-ci se présente sur les lèvres dès que l'idée est éveillée dans l'esprit. Il s'agit donc de créer une *forte habitude par une fréquente répétition.* A cet effet, et à propos de chaque leçon, le maître multipliera les exemples, les exercices d'application ; il en donnera lui-même, il en demandera aux élèves ; il les fera aussi nombreux et aussi variés que possible. Il insistera tout particulièrement sur la *conjugaison des verbes*, les *exercices de transposition, la concordance des temps.*

Pour les raisons qui précèdent, la *conjugaison orale* est un exercice dont on peut attendre les meilleurs effets ; mais à la seule condition qu'elle soit dirigée avec intelligence. Réciter à la file et mécaniquement les six formes d'un temps, tous les temps d'un mode, tous les modes d'un verbe, est un travail aussi fastidieux que peu fécond. L'esprit en est absent; seules les lèvres sont occupées. La conjugaison ne profite réellement que lorsqu'elle est appliquée à des phrases ayant un sens complet, et qu'elle sert aussi d'exercice d'invention. On ne fait pas réciter d'une enfilée : *Je mange, tu manges, il mange.....* On ne demande qu'une forme à chaque élève, on fait suivre le verbe d'un complément, et à tour de rôle les élèves sont invités à changer le complément.

> 1er élève : Je mange du couscous.
> 2o — Tu manges du mouton.
> 3e — Le cheval mange le foin.
> 4e — Nous mangeons la galette.
> 5e — Vous mangez des oranges.
> 6o — Les criquets mangent la récolte.

En outre, on ne récitera pas dans une même leçon la conjugaison de tous les temps, ni même de plusieurs temps du verbe. On restera dans les limites du programme, qui ne prévoit que le présent, l'imparfait, le passé indéfini, le futur de l'indicatif, le présent du conditionnel, l'impératif, le présent du subjonctif; et encore chaque temps n'y viendra-t-il qu'en son rang, à la place qui lui est assignée dans la succession des matières.

Transposer une phrase, c'est la traduire en y apportant une modification de nombre ou de temps ou même de genre. Cet exercice est de nature à donner de la promptitude à l'intelligence, et il familiarise avec l'accord des parties de la phrase.

Le maître exprime une phrase au singulier; les élèves la mettent au pluriel.

> Le lion rugit dans la forêt.
> Les lions rugissent dans les forêts.

La même transposition se fait du présent au passé et au futur.

> L'Arabe nomade plante sa tente.
> L'Arabe nomade a planté sa tente.
> L'Arabe nomade plantera sa tente.

Dans certains cas, on peut proposer aux élèves de mettre au féminin une phrase au masculin.

> Le petit garçon aide son père.
> La petite fille aide sa mère.

Il n'est pas indispensable de procéder par exemples isolés ; servent à ces exercices de transposition une page prise dans le livre de lecture des élèves, ou un texte suivi qui a été écrit au tableau noir.

Enfin, dans les phrases à deux propositions, il existe une *concordance* entre les temps des verbes. L'un commande l'autre, un changement dans le premier en entraîne un autre dans le second.

On dit :

La récolte de blé *sera* belle si l'hiver *est* pluvieux.

et

La récolte de blé *serait* belle si l'hiver *était* pluvieux.

De même :

La cigogne *quitte* l'Algérie quand l'été *commence*.

et

La cigogne *quittera* l'Algérie quand l'été *commencera*.

Cette subordination des temps est d'une application plus délicate en français qu'en aucune autre langue, et elle constitue pour les Arabes qui apprennent le français une des plus sérieuses difficultés. Ce n'est point par des règles qu'on évitera les fautes de temps qu'on est exposé à faire. L'usage seul fera connaître le mécanisme de l'accord. A cet objet, des exercices ont été prévus dans deux paragraphes du programme ; cette étude viendra à son tour ; mais le maître la renouvellera souvent, surtout à l'occasion des fautes que feront les élèves dans leurs réponses.

3° GRAMMAIRE. — Un petit programme de grammaire termine la série des exercices de langage. Qu'on ne se méprenne pas sur la portée du titre. D'abord cette étude ne sera abordée que tout à fait à la fin de l'année ; et puis elle ne consistera qu'en des notions très élémentaires.

Il n'est nullement question ici de définitions, de règles ou d'exceptions grammaticales. Distinguer dans la phrase un nom d'un verbe, d'un adjectif, reconnaître le sujet, remarquer expérimentalement l'accord de l'adjectif avec le nom, du verbe avec le sujet : voilà qui suffit à ce cours.

L'enseignement est oral ; il se donne en présence du tableau noir. Le maître a écrit plusieurs phrases se rapportant à une même question ; il fait remarquer les ressemblances, les différences, les propriétés des mots. Les exemples donnent une première idée, qui, concrète d'abord, se généralise insensiblement dans l'esprit de l'enfant. Rien n'est à apprendre par cœur ; on demande au maître un enseignement très simple, très pratique. A cet effet, point n'est utile de mettre un livre de grammaire entre les mains des élèves ; les progrès en seraient retardés.

FAUTES DE LANGAGE A ÉVITER. — A titre d'appendice, voici le relevé des fautes de langage les plus communes chez les indigènes. Elles tiennent à ce que le français a été enseigné jusqu'à ce jour sans plan bien arrêté. Il faut croire que l'application d'une méthode raisonnée les rendra de plus en plus rares. Il est néanmoins nécessaire de les désigner à l'attention des maîtres pour qu'ils les combattent.

PHRASES INCORRECTES :	PHRASES CORRIGÉES :
Suppression de *ne* :	
Je crois pas qu'il viendra.	Je *ne* crois pas qu'il viendra.
Je pense qu'il sortira pas.	Je pense qu'il *ne* sortira pas.
Il, elle en pléonasme :	
Le berger *il* garde les moutons.	Le berger garde les moutons.
La gazelle *elle* est agile.	La gazelle est agile.
Ellipse de *en*, avec un nombre :	
Ali prend trois.	Ali *en* prend trois.
Je porte un.	J'*en* porte un.
En, y formant pléonasme :	
Il *en* a des dattes.	Il a des dattes.
Il *y* va à la promenade.	Il va à la promenade.
Affirmation pour interrogation :	
Où vous allez ?	Où allez-vous ?
Que je, que tu, qu'il pour *qui* :	
C'est moi *que je* le demande.	C'est moi *qui* le demande.
C'est toi *que tu* l'apporteras.	C'est toi *qui* l'apporteras.
J'aperçus un homme *qu'il* était jeune.	J'aperçus un homme *qui* était jeune.

Emploi inopportun de *qui* dans les citations, ou substitution de la 2e à la 3e personne :

Le maître lui dit *que si vous* continuez à travailler *vous* ferez connaître *votre* nom.	Le maître lui dit : « Si vous continuez à travailler, vous ferez connaître votre nom ».
	Ou :
	Le maître lui dit que s'*il* continue à travailler, *il* fera connaître *son* nom.

Emploi du *plus-que-parfait* pour le *passé indéfini* :

Je viens de déjeuner : j'*avais* mangé de la galette et j'*avais* bu du lait.	Je viens de déjeuner : j'*ai* mangé de la galette et j'*ai* bu du lait.

Emploi du *futur* pour le *présent* dans les phrases conditionnelles :

Si vous *travaillerez* la terre, vous aurez de belles récoltes de blé.	Si vous *travaillez* la terre, vous aurez de belles récoltes de blé.

Emploi du *futur* au lieu du *présent subjonctif :*

Le khammès veut que ses enfants *détruiront* les criquets.	Le khammès veut que ses enfants *détruisent* les criquets.

Emploi trop fréquent de *et*, de *mais*, dans les propositions ou les phrases qui se suivent.

PROGRAMME

VOCABULAIRE:

Noms concrets. — Le maître continue à nommer à l'élève tous les objets dont il a occasion de parler. Il entre dans le détail du nom des parties.

Exemple : Chaise : pied, barreaux, siège.
Voiture : roues, brancard, ressorts.
Porte-plume : manche, bout.
Table : pieds, dessus, tiroir, bouton.
Couteau : manche, lame, pointe, dos.

Il fait énoncer ces mots, en les faisant précéder successivement de un, le et les.
Pied, un pied, le pied, les pieds.

Verbe. — On enseigne tous les verbes que les leçons rendent nécessaires. Quand ils n'expriment pas des actions qu'on puisse faire exécuter, on les traduit dans la langue des élèves.

Noms, adjectifs et verbes abstraits. — Ces mots sont appris au moyen de courts exemples d'où les idées abstraites se dégagent. On passe successivement en revue les principaux faits moraux. On oppose chaque qualité à un défaut. La même idée est exprimée au moyen de l'adjectif, du nom et du verbe, s'il y a lieu :

Bon, bonté (1).

Méchant, méchanceté (1).

Doux, douceur.

Emporté, colère.

Juste, justice.

Injuste, injustice.

Amour, aimer, aimable.

Haine, haïr, détester, détestable.

Ami, amitié.

Ennemi.

Obéissant, obéissance, obéir (2).

Désobéissant, désobéir, désobéissance (2).

Courageux, courage.

Peureux, peur.

Craindre, crainte, craintif.

Audace, audacieux.

Charité, charitable.

Avarice, avare.

Reconnaître, reconnaissance.

Ingrat, ingratitude.

Prudent, prudence.

Imprudent, imprudence.

Modeste, modestie.

Orgueilleux, orgueil.

Vertueux, vertu.

Vicieux, vice.

Poli, politesse.

Impoli, impolitesse.

Croire, croyance.

Doute, douter.

Paresse, paresseux.

Travail, travailleur.

Sage, sagesse.

Dissipé, dissipation.

Attentif, attention.

Inattentif, inattention, distrait, distraction.

Espérer, espérance.

Désespérer, désespoir.

Désirer, désir.

Vouloir, volonté.

Honte, Honteux.

Exact, exactitude.

Inexact, inexactitude.

Respect, respectueux, respecter.

Irrespectueux.

Persévérer, persévérant, persévérance.

Ennui, s'ennuyer.

Distraction, se distraire.

Penser, pensée.

(1) Voir la 1re leçon modèle.
(2) Voir la 2e leçon modèle.

Intelligent.

Inintelligent.

Instruit, instruction.

Ignorant, ignorance.

Plaisir.

Douleur.

Joie.

Peine.

Consoler, consolation.

CONSTRUCTION :

Le pluriel. — Mettre des noms au pluriel, emploi de *les,* de *ces* (1).

Exemple : Les livres, ces figuiers.

Faire entrer ces noms pluriels dans des phrases, soit comme sujets, soit comme compléments directs (2).

Exemple : Les élèves chantent. Le berger conduit les moutons.

Mes, tes, ses. — Exemple : Ali cueille mes olives.

Nous, vous, ils (3), et le nom pluriel comme sujets. — Conjugaison des verbes réguliers aux trois personnes du pluriel du présent de l'indicatif.

Exemple : Nous marchons, vous marchez, les soldats marchent, ils marchent.

Faire conjuguer ces verbes en leur donnant un complément direct.

Exemple : Nous mangeons la galette, vous mangez des oranges, les criquets mangent la récolte.

Le verbe *avoir* aux trois personnes du pluriel du présent de l'indicatif.

Le verbe *être* aux mêmes personnes.

Exemple : Nous sommes petits, vous êtes sages, les Français sont bons.

Conjugaison de ces verbes, dans la forme négative *ne... pas,* aux trois personnes du singulier et du pluriel du présent de l'indicatif. Les employer toujours avec des compléments.

Conjugaison de ces mêmes verbes dans la forme interrogative.

L'impératif. Conjugaison de ces verbes à l'impératif dans les deux formes affirmative et négative : ordre et défense.

---

(1) Voir la 3e leçon modèle.

(2) Voir la 4e leçon modèle.

(3) Voir la 5e leçon modèle.

Le passé indéfini aux trois personnes du pluriel : forme affirmative, forme négative, forme interrogative. Insister sur les verbes *avoir* et *être*.

Le futur simple aux trois personnes du pluriel : forme affirmative, forme négative, forme interrogative. Insister sur les verbes *avoir* et *être*.

Le sujet formé de deux noms à chacun de ces temps.

Exemple : Ali et Salah parlent. L'Arabe et le Kabyle habitent l'Algérie.

Transposer une phrase : 1° Du singulier au pluriel : Le chat attrape la souris, les chats attrapent les souris ; 2° Du présent au passé et au futur (1) : Je lis, j'ai lu, je lirai. Le Kabyle chasse le hérisson ; le Kabyle a chassé le hérisson ; le Kabyle chassera le hérisson.

Les préfixes : *in* — utile, inutile.
                 de — faire, défaire.
                 re — venir, revenir.

Le mien, le tien, le sien. — Exemple : Ton burnous est blanc, le mien est bleu.

Les miens, les tiens, les siens.

La mienne, la tienne, la sienne.

Les miennes, les tiennes, les siennes.

Me, te, compléments : Ahmed me salue, le chien te caresse.

Nous, vous, compléments : Le maître nous instruit, le cadi vous demande.

Le, la, les, pronoms : Le khammès sème le blé ; il le récolte.

Lui, leur, pronoms : Le riche aide le pauvre, il lui donne du couscous et du mouton.

Prépositions. Avec, sans : Je dîne avec ma mère, j'écris avec ma plume.

Par : L'oiseau entre par la fenêtre.

Pour : J'écris une lettre pour mon père.

Pour : Apprendre les infinitifs des verbes connus et les employer dans la phrase avec la préposition *pour :* Je cours pour arriver, l'homme mange pour vivre.

En : Apprendre les participes présents des verbes connus et employer dans la phrase avec la préposition *en :* L'élève apprend en étudiant, en écoutant.

---

(1) Voir la 6° leçon modèle.

5

Adverbes loin, près, très, peu, beaucoup.

Adverbes de manière. — Enseigner les plus usités, les rapprocher de l'adjectif correspondant : *lent, lentement, gai, gaiment.*

Verbes. — Conjugaison de quelques verbes irréguliers très usités : formes affirmative, négative, interrogative, comme :

Dire, au présent, au passé indéfini, au futur.
Faire, aux mêmes temps.
Vouloir,   id.
Aller,   id.   —   emploi de *à.*
S'en aller, id.
Venir,   id.   —   emploi de *de.*
Boire,   id.

Le passé indéfini des verbes qui ont pour auxiliaire *être.* — Je suis tombé. — Le mufti est sorti.

Les pronoms y, en. — Allez-vous à l'école ? — J'y vais, j'en viens. — Que faites-vous à la mosquée ? — J'y prie, j'y chante.

Phrases à deux propositions. — *Qui,* commençant la proposition incidente (1). — Je demande le livre qui est sur la table. — Le cheval qui passe est agile.

Que, commençant la proposition incidente — Je ramasse la jujube que tu jettes. — L'âne que tu conduis est tranquille.

Concordance des temps. — Mettre au passé indéfini et au futur les phrases précédentes à deux propositions : J'ai ramassé la jujube que tu as jetée. — Je ramasserai la jujube que tu jetteras.

Moi, toi, lui. — Phrases commençant par les expressions *c'est moi, c'est toi, c'est lui.* Ex. : C'est moi qui ai porté le livre. — C'est Ali qui laboure le champ.

Quand dans les interrogations. — Quand viendrez-vous ? — Demain, lundi prochain... — Quand avez-vous vendu votre huile ? — Hier, mardi dernier...

Quand, lorsque, dans les phrases au futur. — Je serai heureux quand je parlerai français.

Quand, avec l'imparfait de l'indicatif. — Conjugaison de l'imparfait :
Je parlais quand mes camarades écoutaient.
Je riais quand Ali pleurait (On conjugue la phrase entière).
Insister particulièrement sur les verbes *avoir* et *être.*

---

(1) Voir la 7e leçon modèle.

Concordance des temps. — Mettre successivement au présent, au passé et au futur les phrases dans lesquelles entre *quand :*

Je lis quand tu écris.
Je lisais quand tu écrivais.
Je lirai quand tu écriras.

Si, exprimant la condition (1), dans la phrase au *conditionnel.*

Conjugaison du conditionnel. — Je parlerais, si je savais... (On conjugue la phrase entière). Insister plus particulièrement sur les verbes *avoir* et *être.*

Transposer une phrase conditionnelle du futur au conditionnel et réciproquement (2).

Subjonctif présent. — Conjugaison des verbes au subjonctif présent, en faisant *toujours* précéder la phrase des expressions : *Il faut que... Je veux que... Je désire que... J'ordonne que...* Insister sur les verbes *avoir* et *être.*

Exercices sur des phrases dans lesquelles entre le présent du subjonctif.

GRAMMAIRE :

Reconnaître les noms, les adjectifs, les verbes.
Noms masculins, noms féminins.
Le singulier et le pluriel. La lettre *s*, marque du pluriel.
Le féminin des adjectifs formé par la lettre *e ;* le pluriel formé par la lettre *s.*
Accord de l'adjectif avec le nom.
Reconnaître le sujet d'un verbe.
Règle d'accord du verbe avec son sujet.

III. — EXERCICES FRANÇAIS

DE CONVERSATION, DE RÉDACTION ET DE RÉCITATION

CONSEILS PÉDAGOGIQUES :

En dehors des leçons graduées de langage, il est un certain nombre d'exercices pratiques qui concourent à la connais-

(1) Voir la 8e leçon modèle.
(2) Voir la 9e leçon modèle.

sance de la langue française. Ces exercices, purement oraux, familiarisent l'élève avec certaines tournures d'emploi fréquent, le forment à exprimer plusieurs idées qui s'enchaînent, déposent dans sa mémoire des termes et des expressions qui lui seront plus tard d'un grand secours pour parler ou composer. Ce sont : 1° *les conversations dialoguées ;* 2° *les rédactions ;* 3° *les historiettes morales ;* 4° *la récitation.*

1° CONVERSATIONS DIALOGUÉES. — La conversation répète beaucoup de phrases, questions ou réponses, que la politesse, la curiosité ou le besoin de renseignements ont rendues très fréquentes. Dans leurs rapports avec les Français, les Arabes ont très souvent occasion d'entendre ou de prononcer ces espèces de formules : il est indispensable qu'ils les comprennent, les connaissent. Le meilleur procédé pour les enseigner, est d'organiser entre élèves des conversations comme celles qui s'engagent entre deux personnes que le hasard a fait rencontrer, ou qui ont été l'une vers l'autre pour affaires. Elles se questionnent et se répondent à tour de rôle, parlent du temps, de leur santé, s'entretiennent de leurs intérêts et se communiquent des nouvelles. Le maître n'aura qu'à imiter ce qui se passe dans les incidents de la vie quotidienne, qu'à reproduire en classe ce qu'il fait lui-même dehors. Il mettra deux élèves en présence, et posera les conditions de la conversation. Tantôt deux étrangers se rencontrent dans la rue, ou deux amis se réunissent pour passer un instant ; tantôt l'un est en visite chez l'autre ; celui-ci est un acheteur qui entre chez un marchand, etc. Parfois les deux élèves se tutoient ; parfois aussi, ils se parlent à la 2ᵉ personne du pluriel. Les rapports des élèves varient autant que les relations sociales : c'est-à-dire que, si le fond de l'exercice reste le même, la matière en est inépuisable. Le programme n'a pas prétendu la limiter ; il ne comprend que les expressions d'un usage très courant qu'il n'est pas permis d'ignorer. Mais ces conversations dialoguées ont un autre avantage que celui d'augmenter le vocabulaire et de former au langage courant : elles excitent l'imagination par la recherche qu'elles exigent, soit pour trouver une question, soit pour répondre avec à-propos. Elles fouettent la pensée lente ou paresseuse : aucun exercice n'est plus efficace pour donner de la vivacité à l'esprit, de la facilité à la parole, pour établir enfin entre l'idée et l'expression ce lien qui est à la fois le secret de l'intelligence et du langage.

Quel sera le rôle du maître dans les conversations dialoguées ? Après avoir indiqué la situation des interlocuteurs, il les guidera quand la matière sera épuisée, leur suggèrera des idées quand ils seront embarrassés. Il corrigera ou fera corriger par l'auditoire les fautes de langage. Parfois, et dès le début surtout, il sera lui-même interlocuteur, interrogera souvent, se faisant interroger quelquefois. Enfin, il fera recommencer plusieurs fois en renouvelant les élèves, le même genre de conversation, dans des conditions identiques, et sans changer le sujet.

2° RÉDACTIONS. — C'est de très bonne heure que les élèves doivent être exercés à exprimer quelques idées sur un sujet donné. Si ces idées sont enchaînées, si elles se suivent dans un ordre méthodique, elles forment une *composition*, ou comme on dit aussi dans les écoles une *rédaction*. C'est une erreur de croire que les jeunes élèves soient incapables de faire cet exercice ; c'est à tort qu'on a prétendu qu'ils manquaient d'idées. Tout comme les hommes, les enfants pensent ; mais il ne faut leur demander que les réflexions de leur âge, celles que leur suggèrent les objets qui les entourent, le milieu qu'ils fréquentent.

On l'a souvent dit : les premières connaissances de l'enfant sont celles qui lui viennent du monde extérieur par l'intermédiaire des sens. Au lieu de l'entretenir d'idées abstraites ou vagues, faites-lui exprimer ce qu'il voit, ce qu'il sent, et vous verrez que sa pensée aura un corps. L'exercice de rédaction est donc la conséquence et le complément de la *leçon de choses*. Il se fait soit en mettant un objet sous les yeux de l'élève, soit par le moyen de gravures.

La forme la plus simple en est la *description*. Le maître fait remarquer aux élèves la forme d'un objet, sa couleur ; il leur en explique l'origine, la fabrication ; il leur en demande les usages quand ils les connaissent. Toutes ces idées condensées en quelques phrases, débarrassées de détails, forment une composition que l'élève exprime oralement, qu'à mesure de ses progrès, il peut consigner par écrit. Les sujets prévus au programme, *encrier, crayon, porte-plume, livre, burnous, turban, châchia,* etc., se prêtent à cet exercice. L'ordre à suivre dans l'exposition peut, avec des variantes, être le suivant: *nom, parties, forme, couleur, origine ou fabrication, usage, utilité*.

S'agit-il d'animaux comme aux titres *l'âne, la chèvre, le chameau,....* la description s'appelle dans ce cas un *portrait*, et le plan de la composition est le suivant : *portrait physique, portrait moral, services rendus à l'homme*. Enfin, certains sujets sont des *tableaux* ou des *récits*, comme *la préparation du couscous, la récolte des olives....* ; en racontant, on suit l'ordre même des opérations successives ; le plan est indiqué par la matière elle-même.

Si l'exercice est fait d'après une *image,* le maître appellera l'attention sur la scène principale ; il saura négliger les incidents secondaires, qui ont moins d'importance ou d'intérêt. C'est un fait surprenant qu'en présence d'une gravure l'attention des enfants s'éparpille : l'un est attiré par l'attitude d'un personnage, l'autre remarque son vêtement, tous sont séduits par la couleur. Chacun a vu à sa façon ; mais l'idée représentée, mise en action n'a généralement frappé personne. Les explications fournies par le maître, les questions qu'il pose, et surtout l'ordre d'après lequel il les présente rétablissent la vérité, et mettent en lumière les points essentiels.

L'interprétation est, d'ailleurs, de la part du maître, affaire d'imagination et de sentiment : discrète sans sécheresse, libre sans fantaisie, elle éveille des idées et des émotions, et c'est par là que cette traduction prend un caractère éducatif.

Trop souvent la leçon de choses a consisté en une terminologie aride ou en des remarques futiles. Mieux comprise, elle rend l'enfant attentif à ce qui se passe autour de lui. Elle met l'intelligence en possession d'un précieux instrument, l'*observation*, qui est la sagacité de l'esprit. C'est déjà beaucoup. Mais tout n'est pas de savoir observer, il faut être capable de sentir. Le cœur réclame sa part des exercices scolaires, et, en matière de composition française, cette part ne doit pas être mesurée. Les gravures représentent des scènes si touchantes, que le maître qui saura s'en servir réussira sans grands frais d'éloquence, à *provoquer l'émotion*, à éveiller les instincts honnêtes et bons.

Pour finir, quelques conseils pratiques sur la gradation à suivre afin de conduire les élèves aux exercices écrits de rédaction : 1° Au début la rédaction est purement orale ; 2° Au second degré, elle est écrite au tableau noir, puis copiée par les élèves sur leurs cahiers ; 3° Plus tard, elle est encore écrite au tableau noir, mais le maître la remplace par un questionnaire qui s'y rapporte phrase à phrase, et auquel les élèves répondent par écrit ; 4° Quelque temps après, pour des sujets faciles surtout, on supprime même le questionnaire, et la composition préparée en commun est reproduite de mémoire ; 5° Vers la fin de l'année, quand les élèves ont à peu près parcouru tout le cours de langage, que d'autre part ils ont quelques notions d'orthographe, ils peuvent faire une composition dont la préparation a été entièrement verbale.

Il est à peine utile de dire que cette composition aura très peu d'étendue, que les phrases en seront de construction très simple, presque toujours à une seule proposition. Les élèves en saisiront mieux la coupure, si, au lieu d'écrire à la file, ils écrivent en allant à la ligne après chaque point, s'ils commencent toute phrase à la marge.

3° HISTORIETTES MORALES. — Les enfants ont la passion des histoires, qu'ils écoutent avec une patience que rien ne lasse. Les récits étant un aliment à leur curiosité naturelle, tout maître devrait en avoir un répertoire étendu et varié.

Racontées avec art, ou lues avec goût, les histoires tiennent l'attention en éveil, et jettent de l'attrait sur l'enseignement. Mais elles ont un autre avantage que celui d'amuser : elles *instruisent*, et elles *moralisent* à la fois. Elles sont une matière inépuisable d'exercices de langage, soit que le maître interroge sur ce qu'il a raconté, soit qu'il fasse répéter les récits, soit qu'il les fasse résumer en une petite composition. Comme il a été dit plus haut, ces historiettes sont un moyen d'amener les élèves à l'intelligence, à la connaissance des mots abstraits. Si de plus, la morale en est pure, elles cultiveront les bons sentiments. Par morale pure, il faut entendre celle qui prend sa source dans les instincts généreux de l'homme, dans les élans spontanés du cœur. Le maître évitera tous ces récits où la moralité est ravalée au niveau d'un code pénal. Le commencement de la sagesse n'est ni la crainte du châtiment ni même l'espoir de la récompense; il est dans les jugements et les émotions de la conscience, auxquels il faut rendre l'enfant attentif et docile.

L'effet produit dépendra de l'habileté du maître à présenter les histoires. *Conter est un art difficile*. On réfléchit par avance à ce qu'on dira, à la manière dont on le dira, à l'ordre qu'il convient de suivre. On ne craint pas d'employer un langage pittoresque, imagé, tout en restant dans les limites du vocabulaire de l'élève ; on s'applique à ménager les effets, et à entretenir un intérêt toujours croissant.

4° RÉCITATION. — La connaissance d'une langue demande un grand effort de mémoire, puisqu'elle consiste à retenir des mots, des expressions, des tournures. Rien n'est plus de nature à faciliter les progrès que l'étude mot à mot de textes bien choisis. Les morceaux de récitation sont des modèles de langage ou d'expression. Ils meublent l'esprit d'un grand nombre de termes qu'on apprend liés entre eux dans des phrases, exprimant des idées qui offrent un sens à l'esprit. La récitation est, en outre, un excellent exercice de prononciation et d'intonation ; elle contribue doublement à l'enseignement du français.

Le programme a prévu des morceaux en prose et en vers, qui sont à la portée des enfants. La poésie est plus facile à retenir, à cause de la cadence et de la rime, qui sont une musique pour l'oreille ; mais il est également nécessaire que l'élève récite quelques morceaux de prose qui lui seront d'un profit plus immédiat pour apprendre à parler et à rédiger.

Les textes qui composent le programme sont de peu de longueur.

Au préalable, les morceaux seront expliqués, puis le maître les répètera phrase par phrase, avec l'intonation voulue, jusqu'à ce que les élèves les aient retenus. Les enfants seront invités à raconter en leur langage les morceaux ainsi appris : le maître trouvera dans cet exercice la preuve que les élèves comprennent ce qu'ils récitent.

Les exercices de récitation ne donnent pas toujours les résultats qu'on est en droit d'attendre : c'est qu'appris au jour le jour, ils sont rapidement oubliés. Des révisions périodiques sont indispensables pour que les élèves les retiennent. Ces révisions seront mensuelles, et elles porteront sur tous les morceaux déjà étudiés.

PROGRAMME :

Les exercices suivants seront faits alternativement, comme il est dit au tableau d'emploi du temps : 1° *Conversations dialoguées* ; 2° *Descriptions ou Récits sur images* ; 3° *Historiettes morales* ; 4° *Exercices de mémoire*.

Ils seront toujours suivis d'un exercice écrit de copie ou de dictée qui n'excédera pas 6 ou 7 lignes.

I. — CONVERSATIONS DIALOGUÉES

Le maître enseigne les expressions qui sont d'un usage courant dans la conversation. Dès qu'il les a expliquées, il organise de petits dialogues, où les élèves les emploient en se questionnant et se répondant. Voici quelques-uns de ces termes très usités :

Adieu, mon ami. — Bonjour, monsieur, madame, mademoiselle. — Bonsoir. — A demain. — A revoir. — A bientôt. — Comment vous portez-vous ? — Comment allez-vous ? — Comment vont vos parents, vos enfants ? — Votre frère est-il guéri ? — Bonne santé. — Je vous souhaite bonne santé. — Portez-vous bien. — Que faites-vous ? — D'où venez-vous ? — Où allez-vous ? — Qui cherchez-vous ? — Que demandez-vous ?

Où demeure Ali ? — Quelle maison habite Hassam ? — Quelle route dois-je suivre pour aller à Aïn-Yagout ? — Est-ce loin ? — Est-ce près ? — Combien me faut-il de temps pour arriver ?

Comment vous appelez-vous ? — Quel est votre nom ? — Quel âge avez-vous ? — Combien avez-vous de frères ? — Votre père vit-il encore ? — Avez-vous mangé ? — Avez-vous déjeuné ? — Avez-vous dîné ? — Avez-vous faim ? — Avez-vous soif ? — Avez-vous bon appétit ?

Quoi de nouveau ? — Quel temps fait-il ? — Il fait beau. — Il pleut. — Le tonnerre gronde. — Il fait froid. — Il gèle. — Il neige. — Il grêle. — Il fait chaud.

Quelle heure est-il ? — Il est midi. — Il est.... du matin, du soir. — Il est tôt, il est tard. — Quel jour viendrez-vous ? — A quelle heure ? — N'oubliez pas le rendez-vous. — Soyez exact. — Vous êtes en retard, en avance. — Quand partirez-vous ?

II. — RÉDACTIONS

DESCRIPTIONS

Par des questions appropriées, le maître fait décrire un objet, un animal, que les élèves connaissent. La rédaction ne se compose que de cinq à huit phrases courtes, qui sont écrites au tableau noir, soit par le maître, soit par un élève à mesure qu'on les forme (1).

Voici une liste de sujets où le maître puisera, et qu'il pourra étendre au besoin :

1. L'encrier.
2. Le crayon.
3. Le porte-plume.
4. Le livre de l'élève.
5. Le burnous.
6. Le turban.
7. La selle arabe.
8. La natte.
9. L'âne.
10. La chèvre.
11. Le chameau.
12. L'olivier et l'olive.
13. L'orange et l'oranger.
14. Le palmier et la datte.
15. Le gourbi.
16. La maison française.
17. La tente.
18. La salle de classe.
19. La squifa (vestibule de maison mauresque).

(1) Voir les leçons modèles 10e et 11e.

20. Le métier à tisser indigène.
21. Le moulin à main indigène.
22. Le moulin à huile.
23. La derbouka.
24. Usages de l'alfa.
25. La charrue arabe.
26. La charrue française.
27. La fontaine de la localité.
28. Préparation du couscous.
29. Fabrication du beurre chez les Arabes.
30. La ruche.
31. Le papillon et la fleur.
32. Les semailles du blé.
33. La récolte des olives.
34. Le battage du blé.
35. Les silos.
36. Le nid de l'oiseau.
37. La mosquée.
38. Le costume arabe.
39. Le jardin de l'école.
40. Le village.

RÉCITS SUR IMAGES

Le maître place une gravure sous les yeux des élèves. Il les questionne sur ce qu'ils voient. Les interrogations dirigées d'après un ordre voulu donnent lieu à des réponses dont l'ensemble constitue une rédaction qui est écrite au tableau noir. C'est une description quand l'image figure un objet ou un paysage ; un portrait, si elle représente un animal, un personnage ; enfin, un récit, s'il s'agit d'une scène ou si on a une série de gravures qui racontent les incidents d'une même histoire.

Toutes les gravures que le maître aura collectionnées se prêteront à cet exercice.

III. — HISTORIETTES MORALES

Ces historiettes seront autant que possible fournies par les incidents de la vie scolaire ; elles viseront les défauts manifestés par les élèves. Lues ou racontées, elles seront présentées de manière à toucher le cœur. Elles consisteront en récits, allégories, paraboles, proverbes expliqués. Courtes et familières, ces histoires seront répétées par phrases succinctes qu'on écrira au tableau (1).

On ne saurait astreindre le maître à un ordre rigoureux. Voici pourtant les principaux sujets de ces récits :

La propreté, la malpropreté. — L'ordre, le désordre. — L'économie. — La franchise, le mensonge. — La probité, le vol. — Le travail, la paresse. — L'étude. — L'obéissance aux pa-

(1) Voir la 12e leçon modèle.

rents. — La reconnaissance.— L'obéissance à l'école. — Respect des vieillards. — Bonté envers les animaux. — La patience, la colère, la brutalité. — L'amour fraternel. — La haine. — La complaisance entre camarades. — La charité.

IV. — EXERCICES DE MÉMOIRE

La liste ci-après de morceaux de récitation a été relevée dans les trois recueils :

Livre I. — Exercices de mémoire, par Delapierre et Lamarche (cours élémentaire).

Livre II. — Lecture et récitation, par Vincent (degré élémentaire).

Livre III. — Récitation, choix d'exercices de mémoire par Caumont (classes élémentaires).

La petite sœur malade	(Delapalme)	Livre	2
La renoncule et l'œillet	(Béranger)	—	3
Le lierre et le rosier	(Le Bailly)	—	1
La vipère et la sangsue	(Le Bailly)	—	1
L'âne et les voleurs	(La Fontaine)	—	3
L'orange	(Florian)	—	3
L'enfant dissipé		—	2
Le houx	(Bressier)	—	3
En travaillant		—	2
La goutte d'eau et le rocher	(Quinault)	—	3
Conseils d'une abeille	(Hip. Durand)	—	1
L'ânon		—	2
La souris et la tortue	(Nioche)	—	1
La guenon, le singe et la noix	(Florian)	—	1
L'oiseau national des Gaulois	(Michelet)	—	2
L'araignée et le ver à soie	(Le Bailly)	—	1
Une singulière leçon de lecture		—	2
Le lion et le rat	(La Fontaine)	—	3
Une poignée de proverbes		—	2
L'union fait la force	(Bruno)	—	2
La chanson du cloutier	(A. Brizeux)	—	2
Le laboureur et ses enfants	(La Fontaine)	—	1
Le corbeau et le renard	(La Fontaine)	—	1

IV. — ORTHOGRAPHE

CONSEILS PÉDAGOGIQUES :

Il existe bien des manières d'enseigner l'orthographe. Les deux plus employées des instituteurs sont la *copie* et la *dictée* ; mais les autres procédés ne doivent pas être négligés. En leçon de lecture, on appelle l'attention des enfants sur les lettres qui composent les mots ; on demande à un élève d'épeler à livre fermé tel mot qu'il vient de lire ; le maître écrit au tableau noir les termes nouveaux qu'il prononce. A propos des divers enseignements, écriture, calcul, ou autres, il corrige les devoirs aussi bien au point de vue de l'orthographe, que des idées et du fond. L'orthographe est une question de mémoire ; *tout procédé qui développera l'attention gravera par les yeux la forme des mots dans le souvenir*, et contribuera à enseigner cette partie difficile de la langue française écrite.

Les copies et les dictées n'ont toute leur utilité qu'à la condition *d'être courtes*. Si l'élève est tenu de copier des textes étendus, il fait son travail avec inattention et même avec dégoût. Si la dictée est telle, au cours élémentaire, qu'il fasse plus d'une demi-douzaine de fautes, il lui devient impossible de retenir les corrections que son travail a nécessitées. En aucun cas, ni la copie ni la dictée ne dépasseront 7 à 8 lignes du cahier de l'élève.

Pour ces deux exercices, on choisira des textes que les élèves comprennent, ceux qui auront été expliqués au préalable : la leçon de lecture du jour, le résumé de la leçon de langage, la matière de la rédaction orale, sont tout naturellement désignés pour la copie ou la dictée.

Le maître constatera que la copie est souvent faite caractère à caractère, et alors elle n'apprend rien à l'élève. Livré à lui-même, celui-ci copie chaque lettre séparément, sans se rendre compte ni de l'orthographe, ni du sens, ni même de la prononciation du mot.

Il importe que l'enfant lise et examine son modèle, et qu'écrivant un mot il l'achève en entier, sans avoir besoin de consulter à nouveau le texte placé sous ses yeux. D'ailleurs la copie sera faite avec plus de profit et elle sera un acheminement vers la dictée, si au lieu d'être textuelle, elle consiste en une permutation de genre ou de nombre.

PROGRAMME :

Au début, les exercices d'orthographe consistent en copies et en dictées qui ne comprennent que trois ou quatre lignes ; et ils restent toujours très courts.

Dictées. — 1° de noms; 2° d'adjectifs; 3° noms au singulier précédés de *le, la, un, une, mon, ton, son, ce,* etc...; 4° noms au pluriel avec l'article simple, indéfini, l'adjectif possessif, démonstratif; 5° phrases formées d'un sujet et d'un verbe; 6° phrases avec le verbe *être* et l'attribut; 7° phrases à complément.

Copies. — 1° de mots et de phrases courtes du livre de lecture : 2° de textes écrits au tableau noir après les exercices de conversation, descriptions, récits, etc...; 3° permutation de nombre, de genre, de temps.

V. — CALCUL ET SYSTÈME MÉTRIQUE

CONSEILS PÉDAGOGIQUES :

Rien ne sera changé à la méthode qui a été suivie au cours préparatoire : même progression lente dans l'étude, même préoccupation constante des applications pratiques.

Le programme a précisé la gradation à suivre pour l'étude des opérations, surtout de la multiplication et de la division. Pour ne présenter les difficultés qu'une à une, il faut s'en rapporter aux indications qu'a fournies l'expérience, et qu'on ne trouve pas dans la plupart des livres. L'élève qui commence passe par des degrés successifs qui ne sont point les cas prévus par les démonstrations théoriques.

Les opérations découleront de petits problèmes et elles se feront sur des nombres concrets. Ces questions seront choisies par le maître de manière à fournir aux élèves des notions vraies, exactes. Trop souvent les prix de revient, les rendements, les quantités enfin indiqués dans les livres méconnaissent la réalité des choses. L'élève n'en retire nulle instruction pour la vie usuelle, quand encore il ne lui reste pas des notions fausses.

Les élèves opèreront constamment sur des nombres peu élevés. Le programme ne prévoit la connaissance de la multiplication qu'avec trois chiffres à l'un des facteurs deux à l'autre; de la division ' 'avec trois chiffres au dividende, un seul au diviseur; il ne sera même pas utile d'employer souvent des nombres aussi forts. Les longues opérations sont monotones, et les enfants n'ont qu'une conception très confuse des nombres élevés.

Il arrivera qu'un élève sera embarrassé pour la solution d'un problème. Un moyen presque toujours sûr de la lui faire trouver c'est de lui poser le même problème avec des nombres d'un seul chiffre; il le résoudra sans peine, et il appliquera ensuite la même marche au problème écrit. Ceci est une preuve de plus des services que rend le calcul mental et rapide. On proposera à propos de chaque leçon des questions à résoudre de tête. Les exercices de système métrique, presque toujours oraux, fournissent une ample matière à ce genre de calcul.

En fait de système métrique, l'enseignement s'efforcera d'être aussi pratique que le programme. Il portera uniquement sur le mètre, le litre, le gramme, le franc; il ne sera donc question ni de surfaces, ni de volumes, ni d'unités agraires, ni de mesures de bois de chauffage. Il résulte de ce fait que le litre et le gramme ne seront connus que par leur grandeur, que parce qu'on les aura vus, touchés. Aucun maître ne s'avisera de les définir ou de les rattacher aux unités cubiques que l'élève du cours élémentaire ignore encore. Ce que l'enfant a besoin d'apprendre, ce ne sont pas des mots, mais des notions solides dont il puisse tirer parti pour les besoins de son existence, de sa profession future.

Il est nécessaire qu'il manie les mesures, qu'il apprenne à s'en servir. Dans cet objet, il évalue approximativement des longueurs, des distances, des capacités, des poids; il contrôle ses appréciations au moyen du mètre, du litre, de la balance. Il mesure du sable, de l'eau; il pèse des objets; il compte, donne, rend la monnaie. Et on remarquera que c'est en se faisant pratique que l'enseignement du calcul et du système métrique deviendra attrayant.

PROGRAMME :

Sur les cinq heures réservées par semaine à cet enseignement, quatre seront employées au calcul proprement dit et une au système métrique.

1° CALCUL.

Pendant tout le premier mois, révision du programme du cours préparatoire.

Lecture de l'heure sur une pendule ou sur une montre.

Étude de la table de multiplication par 6, 7, 8, 9, 10.

Numération et écriture de 100 à 200. — Exercices oraux et écrits sur les nombres de 1 à 200 (addition, soustraction).

Numération et écriture des nombres de 200 à 500. — Exercices oraux et écrits d'addition et de soustraction.

Même exercice sur les nombres de 500 à 1,000.

La division appliquée intuitivement aux 100 premiers nombres. (Exercices sur les autres opérations).

Multiplication : Le multiplicande a deux chiffres et le multiplicateur n'en a qu'un. Problèmes d'application.

Division : Un nombre de deux chiffres par un nombre d'un seul chiffre. 1° Le quotient n'a qu'un chiffre; 2° Le quotient a deux chiffres. — Problèmes d'application.

Petits problèmes sur l'addition et la soustraction combinées. Exercices sur la multiplication et sur la division.

Petits problèmes sur l'addition et la multiplication combinées.

Petits problèmes sur la soustraction et la multiplication combinées.

Petits problèmes sur les trois premières opérations combinées.

Nombres de 1,000 à 100,000.

Multiplication. — Le multiplicande a trois chiffres et le multiplicateur n'en a qu'un.

Idée du million.

Division. — 1° un nombre de trois chiffres par les nombres 2, 3, sans retenue ; 2° même division avec retenue ; 3° même division par un nombre d'un seul chiffre.

Prendre la moitié, le tiers, le quart de nombres inférieurs à 100 et divisibles par 2, par 3, par 4.

Rendre un nombre dix fois plus grand ; rendre 10 fois plus petit un nombre terminé par un zéro.

Multiplication. — Le multiplicateur a deux chiffres et le multiplicande en a trois.

Nombres décimaux. — Écriture des nombres décimaux en prenant pour unité : 1° le mètre ; 2° le franc ; 3° le litre ; 4° le kilogramme.

Addition et soustraction de nombres décimaux concrets.

Division par 10 d'un nombre entier représentant des mètres, des litres, des francs, des kilogrammes.

Problèmes oraux et écrits sur les quatre opérations.

2° SYSTÈME MÉTRIQUE

Mètre. — Sous-multiples : décimètre et centimètre ; évaluation de longueurs de lignes, soit en mesurant, soit à l'œil.

Multiples du mètre (décamètre, hectomètre, kilomètre). — Mesurer un décamètre dans la cour ; indiquer la distance entre deux points du village, la distance du village voisin.

Le *litre*, usages, forme (1). — Le double litre et le demi-litre.

Multiples. — Décalitre, hectolitre, double décalitre, demi-décalitre, demi-hectolitre.

Le *gramme* (2). — Usages.

Multiples. — Décagramme, hectogramme, kilogramme. — Les poids usités du gramme au kilogramme.

Le *franc.* — Usages, nature, forme ; les pièces d'argent de 0,50, 1, 2 et 5 francs ; les pièces de 0,05 et de 0,10.

Combien les différentes pièces d'argent valent de pièces de bronze. — Convertir un nombre de sous en centimes et réciproquement.

Les pièces d'or de 10 francs et de 20 francs. — Combien les pièces de 10 francs et de 20 francs valent de pièces d'argent.

Manière de rendre la monnaie.

VI. — BIOGRAPHIES TIRÉES DE L'HISTOIRE DE FRANCE

CONSEILS PÉDAGOGIQUES :

Parmi le nombre considérable d'hommes illustres dont la France s'honore, quelques-uns ont été choisis pour être

---

(1) Voir la 13° leçon modèle.
(2) Voir la 14° leçon modèle.

connus des jeunes Arabes. Ce ne sont ni les plus grands ni les plus glorieux ; mais en raison de la nature et de la portée de l'enseignement à donner, il fallait arrêter un programme à la fois restreint et varié. Toutes les vertus civiques devaient être représentées, et le nombre de biographies à enseigner ne pouvait être étendu. Mais telle qu'elle est, cette liste suffit à l'éducation des caractères, à la glorification de la France.

Les grands exemples qu'on y rencontre à profusion, probité, tolérance, bravoure et sacrifice, sont de nature à éveiller de nobles sentiments. Toutes ces gloires, fruits du travail ou œuvres du génie, peuvent être proposées à l'imitation et à l'admiration des jeunes indigènes. De si beaux modèles n'engendrent que de saines ambitions.

Un autre sentiment se dégagera de ces leçons biographiques sur l'histoire : c'est l'amour vif et sincère de la France. Un peuple qui a produit de tels hommes, qui a inspiré de tels dévouements, est aussi puissant que riche, aussi redoutable que généreux. Arabes et Kabyles ont bien le droit de se montrer fiers d'avoir été adoptés par une nation qui a toujours marché à la tête de la civilisation, qui a imposé ses idées au monde entier par le rayonnement de son génie, autant que par la force de ses armes.

La forme de l'enseignement est le récit anecdotique. Il est inutile de répéter ce qui a été dit au titre *Historiettes morales* sur la manière de raconter. Il suffira de recommander au maître de négliger les dates, les détails futiles ou les faits arides, de présenter des leçons bien animées, bien vivantes.

Il parlera des personnages dont il fera l'histoire avec un respect religieux, un enthousiasme enflammé. En confondant leurs intérêts avec les nôtres, les indigènes partagent avec nous l'héritage du passé: nos ancêtres deviennent les leurs, et nos gloires nationales rejaillissent sur eux. Intérêts matériels, fierté de race, devoir de reconnaissance: tout leur conseille le patriotisme français.

PROGRAMME :

Charlemagne : écoles.
St-Louis : justice.
Eustache de St-Pierre : dévouement.
Duguesclin : bonne foi, respect de la parole donnée.
Jacques Cœur (1) : activité commerciale.

(1) Voir la 15e leçon modèle.

Guttenberg : découverte de l'imprimerie.
Bayard : courage et loyauté.
Bernard Palissy : persévérance.
Michel de l'Hôpital (1) : probité, tolérance.
Henri IV et Sully : agriculture, industrie.
Richelieu : grand ministre.
Porçon de la Barbinais : respect de la parole donnée.
Colbert : sage administration.
Turenne : bonté et bravoure.
St-Vincent de Paul : charité.
Jean Bart : courage.
Le chevalier d'Assas : dévouement.
L'abbé de l'Épée : Éducation des sourds-muets.
Parmentier : progrès de l'alimentation.
La Tour d'Auvergne : dévouement.
Hoche : général de la République.
Napoléon : génie militaire.
Daumesnil : honnêteté, honneur.

VII. — GÉOGRAPHIE

CONSEILS PÉDAGOGIQUES :

Pour être détaillé, le programme de géographie n'est ni long ni chargé. Tel qu'il est rédigé, il fournit plus que la matière de la leçon, il en donne les développements. Du même coup, il affirme l'esprit de la méthode : un enseignement par les idées et par les faits, non un enseignement de mots.

L'étude de la France est l'occasion de la révision des termes géographiques qui ont été appris au cours préparatoire ; elle est suivie de notions sur l'Algérie : le programme est, en d'autres termes, celui du cours précédent, avec quelques développements qui donnent aux faits une plus grande précision.

Les indigènes ont presque tous une idée très fausse de notre patrie. Ils se forgent une France à l'image de l'Algérie,

---

(1) Voir la 16e leçon modèle.

et ils sont loin de se douter de l'aspect qu'elle présente, de la verdure de ses vallées, de l'abondance de ses eaux, de la fraîcheur de son climat, de la fécondité de son sol, de l'animation de ses villes, du nombre et de la puissance de ses usines. Les Arabes seuls qui ont vu la France en connaissent la beauté et la richesse ; et, dans leur langage pittoresque, la comparent à un immense jardin. Cette impression est la vraie, et elle devrait ressortir des leçons de géographie. Dans cet objet, l'enseignement consistera en une série de tableaux assez frais pour laisser les souvenirs d'un voyage. Les descriptions avec des images à l'appui, les comparaisons et les oppositions entre l'Algérie et la France, la leçon orale en présence d'une bonne carte sobre de détails ; tels sont les traits essentiels de la méthode.

PROGRAMME :

LA FRANCE

1° *Limites, Configuration, Étendue.*

Révision des termes géographiques : océan, mer, détroit, golfe.

Limites de la France ; forme (six côtés).

L'Océan atlantique, la Manche, la mer du Nord, la mer Méditerranée.

Longueur du nord au sud (environ 1,000 kilomètres).

Longueur de l'est à l'ouest (près de 900 kilomètres).

2° *Relief du sol.*

Révision des termes géographiques : montagne, pied de la montagne, flanc de la montagne, chaîne de montagnes, cime, crête, coteau, colline, plateau, vallée.

Les montagnes de la France :

Les Alpes (le Mont-Blanc 4,810 m.), Les Pyrénées (1), Le Massif central, Les Cévennes, Le Jura, Les Vosges.

3° *Eaux.*

Révision des termes géographiques : fleuve, rivière, ruisseau, torrent, affluent, confluent, embouchure. — Rive droite, rive gauche, gué, pont, fleuve navigable.

(1) Voir la 17e leçon modèle.

Les grands fleuves de la France : La Seine, la Loire, la Garonne, le Rhône.

Parcours des fleuves : La Seine (775 kil.), la Loire (1100 kil.), la Garonne (650 kil.), le Rhône (810 kil.).

Ces fleuves sont tous navigables. S'attacher à faire comprendre la largeur du lit, la profondeur de l'eau, faire remarquer que ces fleuves coulent toujours abondamment.

4° *Population.* — *Grandes villes.*

Population de la France :

Paris (2 millions et demi d'habitants).

Les villes de France qui ont plus de 100,000 habitants : Lyon, Marseille, Bordeaux, Lille, Toulouse, Nantes, St-Étienne, Rouen, Le Hâvre.

5° *Organisation politique.*

Paris capitale de la France et siège du gouvernement.

Division de la France en 86 départements. Chaque chef-lieu est le siège d'une préfecture.

Quelques départements de la France :

Le département de la Seine, chef-lieu Paris.
—   du Rhône,   —   Lyon.
—   du Nord,   —   Lille.
—   des Bouches-du-Rhône, chef-lieu Marseille.

6° *Productions naturelles.* — *Agriculture.*

Céréales, arbres fruitiers, prairies, forêts, blé, orge, avoine, pommes de terre, lin, chanvre, etc... Vignes, oliviers, etc... Animaux domestiques, animaux sauvages.

7° *Industrie* (1).

La houille (faire au préalable une leçon de choses sur ce sujet), le fer, les toiles (Lille et Rouen), les soieries (St-Étienne, Lyon), le papier (Angoulême), les armes (St-Étienne), le sucre, le savon, l'huile, la bougie (Marseille).

8° *Commerce.*

Les villes les plus commerçantes : Paris, Lyon, Marseille, le Hâvre.

----

(1) Voir les 18° et 19° leçons modèles.

Les ports de commerce : le Hâvre, Rouen, Bordeaux, Marseille. Relations avec l'Algérie et la Tunisie.

9° *Voies de communication.*

Révision des termes : chemins, routes, grandes routes, canaux, chemins de fer.

La ligne de Marseille à Paris. Nombreuses villes qu'elle traverse. (Insister sur le nombre de villes et de villages que le voyageur rencontre en France sur un parcours restreint). Nombreuses lignes de chemin de fer.

10° *Force militaire.*

Armée de terre : infanterie, cavalerie, artillerie, génie.
En cas de guerre, un nombre de soldats égal à la population de l'Algérie.
Armée de mer : flotte, cuirassés, matelots, artillerie.
Ports de guerre : Cherbourg, Brest, Lorient, Rochefort, Toulon.

(Toutes ces leçons devront être faites sans longs développements, et dans la forme la plus simple possible).

L'ALGÉRIE

1° *Position de l'Algérie.*

La Méditerranée. Pays voisins : la Tunisie, le Maroc.

2° *Relief du sol.*

L'Atlas, le Djurjura et les montagnes les plus connues.

3° *Eaux.*

Les Oueds. Le Chélif. Pas de cours d'eau navigables. Les Chotts.

4° *Divisions naturelles.*

Le Tell. Hauts plateaux. Sahara. Oasis.

5° *Population et villes principales.*

Population totale : Français, Européens, Arabes et Kabyles. Sédentaires et nomades.

Alger, Médéah, Laghouat. — Philippeville, Constantine, Biskra. — Oran, Tlemcem, Aïn-Sefra.

6° *Productions.*

Céréales : orge, blé, maïs, etc.
Arbres fruitiers : oliviers, amandiers, figuiers, dattiers, caroubiers, etc.
Arbres forestiers : pins, chênes, frènes, etc.
Animaux domestiques. Animaux sauvages.

7° *Géographie administrative.*

L'Algérie fait partie de la France.
Gouverneur général à Alger.
Trois départements. Un préfet à la tête de chaque département.
Territoire civil. Territoire militaire.

8° *Voies de communication.*

Chemins, routes, sentiers, routes carrossables, chemins de fer.
Chemin de fer d'Alger à Oran, d'Alger à Constantine, de Constantine à Tunis, de Philippeville à Biskra par Constantine, d'Oran à Aïn-Sefra.

VIII. — DESSIN

CONSEILS PÉDAGOGIQUES :

Le programme de dessin a été arrêté de manière à faire reproduire à l'élève les principales formes géométriques; à côté de chaque tracé sont indiquées des applications que le maître trouvera autour de lui ou dans les cahiers publiés pour les écoles. Des exercices très élémentaires d'ornement termineront le cours.

Comme au cours préparatoire, les dessins seront tous exécutés à main levée, au moyen du crayon.

Le maître choisira pour modèles des objets plans, de peu de relief.

Avant toute exécution, il donnera des conseils, appellera l'attention des élèves sur les proportions des lignes. Il exigera des dessins de dimensions assez grandes. Il ne permettra pas que l'élève retourne son cahier pour tracer avec plus de facilité.

PROGRAMME :

Lignes droites, verticales, horizontales. — Applications: combinaisons, grecques, lettres capitales I L F E, etc.

Obliques à 45° parallèles. — Applications : dents de scie, grecques, capitales A V N X, etc., capitales inclinées.

Carré. — Tracé du carré, des diagonales. Carrelages, combinaisons de carrés.

Division de la droite en deux parties égales.

Rectangle. — Tracé du rectangle, des diagonales. Division du rectangle en bandes dans le sens de la longueur, dans le sens de la largeur. Division du carré, du rectangle. Parquets.

Division de la droite en 2, 4 parties égales.

Losange. — Tracé du losange. Losange inscrit dans le rectangle. Combinaisons de losanges formant des ornements.

Division de la droite en 3 parties égales.

Triangle. — Tracé du triangle isocèle. Triangle rectangle.

Division de la droite en 3, 6 parties égales.

Angles : les trois sortes d'angles. — Reproduction d'angles de grandeurs différentes. Ornements d'étoffes formés d'angles à côtés parallèles.

Figures concentriques : carrés, rectangles, losanges, triangles concentriques. — Ornements géométriques blancs sur fond noir.

Division de la droite en 3, 6, 9 parties égales.

Application des principes qui précèdent au dessin d'objets plans ou d'un faible relief n'offrant que des lignes droites : porte, fenêtre, mur de la classe avec ses cartes et tableaux.

Le quart de cercle, l'inscrire dans un carré.

Le demi-cercle, l'inscrire dans un rectangle.

Combinaisons de courbes entre elles et avec des droites, découpages de bois, capitales O U C J R P etc., alphabet romain minuscule à 1 centimètre de hauteur, croissant, flèche, arc, polygones curvilignes, carrés, rectangles, etc.

Représentation d'objets ayant peu de saillie et présentant des contours courbes ; les prendre à l'école, à la maison, à l'atelier: clef, couteau, pendule, etc.

Ornement. — Rayures figurées par des lignes de grosseur et de distances différentes : 1° n'ayant qu'une seule direction ; 2° s'entrecroisant ; 3° combinées avec des bâtonnets.

Reproduction des entrelacements exécutés en travail manuel.

Dessin de lettres et d'encadrements formés de bandelettes de papier pliées.

Feuilles végétales de formes caractéristiques : acacia, liseron, lierre, lilas, ronce, figuier, eucalyptus, cactus (feuille et fruit), etc.

Palmettes et autres ornements de genre simple empruntés à des foulards communs, des tapis arabes, des objets de fabrication kabyle.

IX. — TRAVAIL MANUEL

CONSEILS PÉDAGOGIQUES :

Le travail manuel peut être exécuté dans toutes les écoles, même dans celles qui n'ont ni atelier, ni instruments spéciaux. Il consiste en pliage du papier, corderie, tressage, exercices au couteau. Le maître utilisera la matière première qu'il trouvera autour de lui, et fera fabriquer, autant que possible, des objets ayant une utilité pratique.

Dans les écoles qui possèdent une installation, les élèves du cours élémentaire seront exercés au travail du bois à la râpe. Le maître débitera lui-même les pièces; les élèves y traceront les dessins et profileront le bois conformément aux tracés faits.

Les élèves emporteront leurs travaux dans leurs familles; un spécimen de chaque exercice sera cependant conservé dans l'école.

PROGRAMME :

Pliage du papier. — Plier la feuille de papier en deux, en quatre. Application: tracé de l'angle droit, division de ligne en 2, 4, 8... parties égales ; relevé et report d'une série de dimensions inégales ; former un losange.

Plier la feuille de papier en trois, six parties égales.

Construction du carré. — Enveloppe, chapeau, barque, cocotte, boîte, filtre, cornet, chapeau de lampe.

Pliage de bandes ou rubans; encadrements, ornements géométriques, lettres capitales.

Corderie. — Fabrication d'une corde avec plusieurs ficelles.

Nœuds. — Attacher deux bouts de corde, nœud droit ou plat.

Attacher une corde à un anneau ou à un pieu; raccourcir une corde sans la couper; nœud coulant; réunir deux pièces de bois.

Tressage et vannerie. — Révision des exercices du cours préparatoire. Réunir deux cordes bout à bout sans faire de nœud.

Confection de cordes, de liens, filets pour porter la paille; couffins, coiffures, semelles de chaussures, etc.

Cages et corbeilles formées de tiges d'asphodèle sauvage, roseaux, etc.

Travail de bois au couteau. — Équarrir une branche. Façonner un prisme à base carrée, à base octogonale, à base hexagonale, un cylindre. Confectionner un manche d'outil à arêtes, arrondi; une quille, une toupie, etc.

Travail du bois à la râpe. — Dresser un rectangle, en arrondir les extrémités. Arrondir les quatre angles. Faire des quarts de rond aux quatre angles.

Faire les mêmes exercices sur le carré.

Percer une ouverture carrée, rectangulaire ou circulaire.

Profiler une planchette d'après un dessin déterminé.

X. — AGRICULTURE

Une partie du jardin de l'École sera affectée à l'enseignement pratique de l'agriculture.

Le terrain sera divisé en plates-bandes qui seront réparties entre les élèves du cours moyen et élémentaire.

Les élèves seront conduits au jardin une heure par semaine, pendant les récréations, pour s'exercer aux travaux de culture.

Le maître s'attachera à donner aux élèves le goût du jardinage, à répandre parmi les indigènes les légumes qu'ils ne connaissent pas et dont l'acclimatation et la culture contribueront à améliorer leur alimentation.

IIi

LEÇONS MODÈLES

—

I. — EXERCICES DE LANGAGE

1re LEÇON MODÈLE

MOTS ABSTRAITS : BON, BONTÉ. — MÉCHANT, MÉCHANCETÉ

— Le frère d'Ali est fatigué ; Ali le porte.
— Un camarade d'Ali a faim ; Ali lui donne la moitié de sa galette.
— Un aveugle a perdu son chemin ; Ali le rencontre et le reconduit.
Ali est *bon* ; il faut être *bon*.
Ali a fait un acte de *bonté* ; ayez tous la *bonté* d'Ali.
Dites tous :
Ali est bon. — Bonté, la bonté, la bonté d'Ali.

— Le frère d'Ahmed est fatigué ; Ahmed ne l'attend pas ; il marche vite.
— Un enfant a faim, il demande à manger ; Ahmed a du pain, il n'en donne pas.
— Un aveugle a perdu son chemin ; Ahmed rit de l'aveugle, il lui jette des pierres.
Ahmed est *méchant;* ne soyez pas *méchants*.
Ahmed a fait un acte de *méchanceté*.
N'imitez pas la *méchanceté* d'Ahmed.
Dites tous :
Ahmed est méchant. — Méchanceté, la méchanceté, la méchanceté d'Ahmed.

Mon père est bon. — Le voleur est méchant.
Je serai bon. — Je ne serai pas méchant.
J'aurai la bonté d'Ali.
Je n'aurai pas le méchanceté d'Ahmed.
L'instituteur récompense l'élève bon.

———

2e LEÇON MODÈLE

MOTS ABSTRAITS : OBÉISSANCE. — DÉSOBÉISSANCE

— Le père dit à Ali : Apporte-moi mon burnous.
Ali porte le burnous à son père. *Ali obéit.*
— La mère dit à Ali : Va chercher un sou d'huile.
Ali va chercher un sou d'huile. *Ali obéit.*
— Le maître dit à Ali : Ne parle pas.
Ali se tait. *Ali obéit.*
Dites tous :
Ali *obéit.* — Ali *obéit* à son père. — Ali *obéit* à sa mère. — Ali *obéit* à son maître. Ali est *obéissant.*
Ce que fait Ali s'appelle l'*obéissance.*

— Le père dit à Ahmed : Va chercher la chèvre.
Ahmed sort et s'amuse. Ahmed *désobéit.*
— La mère dit à Ahmed : Souffle le feu.
Ahmed ne souffle pas le feu. Ahmed *désobéit.*
— Le maître dit à Ahmed : Fais ton devoir.
Ahmed ne fait pas son devoir, il refuse. Ahmed *désobéit.*
Dites tous :
Ahmed *n'obéit pas.* — Ahmed *désobéit.* — Ahmed *désobéit* à son père. — Ahmed *désobéit* à sa mère. — Ahmed *désobéit* à son maître. — Ahmed est *désobéissant.* — Ce qu'il a fait s'appelle la *désobéissance.*

J'obéis à mes parents, à mon maître.
Je ne désobéirai jamais.
Je suis obéissant. — Je serai obéissant.
Je dois l'obéissance à mes parents.
Le soldat doit l'obéissance à l'officier.
Le maître punit l'élève désobéissant.
Le général punit le soldat désobéissant.
Le maître, le général punissent la désobéissance.

3e LEÇON MODÈLE

LE PLURIEL. — LES, CES

Le maître place un livre sous les yeux des élèves, leur en demande le nom et leur fait dire :

Le livre, ce livre.

Il en rapproche un second ou plusieurs autres ; en les indiquant il dit lui-même, et fait répéter plusieurs fois :

Les livres, ces livres.

Il procède ainsi pour d'autres objets qu'il met successivement sous les yeux des élèves soit par unité, soit par pluralité. Les élèves s'expriment ainsi, en voyant :

Un objet.	*Plusieurs objets.*
Le cahier, ce cahier.	Les cahiers, ces cahiers.
Le crayon, ce crayon.	Les crayons, ces crayons.
Le doigt, ce doigt.	Les doigts, ces doigts.
Le burnous, ce burnous.	Les burnous, ces burnous.
L'enfant, cet enfant.	Les enfants, ces enfants.
Le chien, ce chien.	Les chiens, ces chiens.
L'âne, cet âne.	Les ânes, ces ânes.
L'arbre, cet arbre.	Les arbres, ces arbres.
La plume, cette plume.	Les plumes, ces plumes.
La table, cette table.	Les tables, ces tables.
La chaise, cette chaise.	Les chaises, ces chaises.
La maison, cette maison.	Les maisons, ces maisons.

4e LEÇON MODÈLE

LE PLURIEL *(suite).*

Dès la seconde ou même dès la première leçon, l'élève fait entrer dans des phrases les noms dont il a formé le pluriel. Il les emploie d'abord comme *sujet*, puis comme *complément*. Plusieurs leçons porteront sur des verbes qui ont la même prononciation à la 3e personne du singulier, qu'à la 3e personne du pluriel.

Voici la manière de procéder :

Le maître laisse, par exemple, tomber un livre, puis plusieurs livres, et demande aux élèves d'exprimer ces actions.

Ou bien, il énonce la phrase au singulier, *le livre tombe*, et il demande aux élèves comment ils rendraient le même fait si, au lieu d'un livre, deux, trois, plusieurs étaient tombés.

A propos de chaque phrase, il insiste pour que l'élève comprenne bien qu'il s'agit de plusieurs objets quand il prononce *les* ou *ces*.

Le maître :	*Les élèves :*
Le livre tombe.	Les livres tombent.
L'élève chante.	Les élèves chantent.
Ce chien aboie.	Ces chiens aboient.
L'âne passe.	Les ânes passent.
Ce mouton mange.	Ces moutons mangent.
Ali porte le livre.	Ali porte les livres.
Ali ramasse le cahier.	Ali ramasse les cahiers.
Le berger garde le mouton.	Le berger garde les moutons.
Mon père attache la chèvre.	Mon père attache les chèvres.
Maman prépare la galette.	Maman prépare les galettes.
Mon frère cherche la babouche de Zora.	Mon frère cherche les babouches de Zora.

5e LEÇON MODÈLE

NOUS, VOUS, *comme sujets*

Dans cette leçon, il s'agit de donner aux élèves l'idée du pluriel à la 1re et à la 2me personne, et par suite de les familiariser avec l'emploi des pronoms *nous* et *vous*.

Le maître désigne un élève, Ali, auquel il donne l'ordre, par exemple, de frapper sur la table; il lui demande d'exprimer ce qu'il fait. Ali dit :

Je frappe.

Un nouvel élève, Ahmed, est joint au premier pour frapper comme lui, et le maître fait comprendre à tous deux que l'action qu'ils font s'exprime ainsi :

Nous frappons.

Les deux élèves disent à haute voix et ensemble, en présence de la classe qui écoute : Nous frappons.

Ainsi donc, quand Ali est seul à frapper, il dit: Je frappe. Quand Ali et Ahmed, ou deux élèves, ou plusieurs élèves frappent ensemble, ils disent : Nous frappons.

Aussitôt après, ou quand la classe a appliqué la 1re personne du pluriel à un certain nombre de verbes, le maître s'adressant à Ali seul ou à Ahmed seul dit : Tu frappes.

Les désignant simultanément, il ajoute :

Vous frappez.

Il charge un 3me élève, Aïssa de répéter comme lui, et suivant le cas : Tu frappes, vous frappez.

C'est ainsi qu'en opposant le pluriel au singulier et en accompagnant la parole d'actes, les élèves apprendront à dire et comprendre :

Nous marchons,   vous marchez.
Nous courons,   vous courez.
Nous rions,   vous riez.
Nous lavons,   vous lavez.
Nous effaçons,   vous effacez.

Le maître pourra varier ces exercices en employant le verbe au singulier, et demandant à l'élève de l'exprimer au pluriel:

Je porte la table.	Nous portons la table.
Tu lèves la main.	Vous levez la main.
Je jette la pierre.	Nous jetons la pierre.
Je récolte les olives.	Nous récoltons les olives.
Tu conduis la caravane.	Nous conduisons la caravane.
Tu sèmes le bechna.	Nous semons le bechna.

6e LEÇON MODÈLE

TRANSPOSER UNE PHRASE DU PRÉSENT AU PASSÉ ET AU FUTUR

Une idée est exprimée au présent ; les élèves la mettent au passé ou au futur : voilà ce qu'on entend par une transposition de temps.

Le maître énonce la phrase. En la répétant les élèves la font précéder de compléments circonstanciels de temps, qui ont pour conséquence une modification dans le temps du verbe. Ces compléments sont pour :

Le présent : *aujourd'hui, en ce moment.*
Le passé : *hier, la semaine dernière, l'an passé.*
Le futur : *demain, après-demain, la semaine prochaine.*

Exemple :

Le maître : Ali écoute la leçon.
Les élèves : Aujourd'hui, Ali écoute la leçon.
Hier, Ali a écouté la leçon.
Demain, Ali écoutera la leçon.

On procède de même pour les phrases ci-après :

Smaïl lave ses mains. — Aujourd'hui..... — Hier..... — Demain.....
Je dis la vérité. — En ce moment..... — La semaine dernière..... —
A l'avenir.....

Le bon fils aime ses parents.
Cet enfant respecte les vieillards.
L'oiseau chante dans la forêt.
Tu aides les malheureux.
Le ciel est bleu.
Le travail donne le bonheur.
La France protège l'Algérie.
La propreté conserve la santé.

7e LEÇON MODÈLE

QUI *commençant la proposition incidente*

La phrase qui a une proposition incidente est en réalité formée de deux idées qu'on a liées l'une à l'autre. Pour en faire saisir le mécanisme aux élèves, il suffit de leur présenter les deux éléments séparés pour qu'ils les réunissent. Exemple :

Un cheval court ; je l'arrête. Les deux idées se présentent à l'esprit dans cet ordre ; néanmoins la 2e étant la plus importante, on la met au premier rang. On exprime successivement dans une même phrase :

J'arrête le cheval.
Le cheval court,

en disant :

J'arrête le cheval qui court.

Le maître énoncera les deux propositions ; les élèves formeront la phrase unique.

Le maître :	*Les élèves :*
Le livre est sur la table. Je demande le livre.	Je demande le livre qui est sur la table.
Le déira passe. L'administrateur appelle le déira.	L'administrateur appelle le déira qui passe.
L'écolier travaille. Le maître récompense l'écolier.	Le maître récompense l'écolier qui travaille.
L'enfant est fatigué. Le père porte l'enfant.	Le père porte l'enfant qui est fatigué.
L'enfant joue. La mère regarde l'enfant.	La mère regarde l'enfant qui joue.
L'olive tombe. Le colon ramasse l'olive.	Le colon ramasse l'olive qui tombe.
L'enfant est obéissant. Le maître aime l'enfant.	Le maître aime l'enfant qui est obéissant.
Le feu brûle. Le domestique éteint le feu.	Le domestique éteint le feu qui brûle.
Le raisin mûrit. Le Kabyle garde le raisin.	Le Kabyle garde le raisin qui mûrit.

8ᵉ LEÇON MODÈLE

SI *exprimant la condition*

Les phrases dans lesquelles entre une condition se prêtent à des exercices d'invention, qui éveillent l'intelligence. Le maître exprime l'idée principale, et laisse aux élèves le soin de trouver la proposition conditionnelle. Cette dernière varie suivant l'inspiration de l'élève, et le maître accueille toutes les idées qui complètent utilement la phrase. Ainsi le maître propose l'idée ci-après :

Je sortirai.....

Que faut-il pour que je sorte ? ajoute-t-il. Il ne fait peut-être pas beau temps ; je suis peut-être fatigué ; je suis peut-être occupé. Les élèves mis sur la voie, complèteront ainsi la phrase :

Ali. — Je sortirai, s'il fait beau.
Je sortirai, si je ne suis pas fatigué.
Je sortirai, si j'ai le temps.

Voici quelques exemples des phrases qu'on peut composer ; les conditions qui les complètent ne sont données qu'à titre d'indication. On en trouvera d'autres sans peine ; on les changera sans inconvénient :

Je parlerai, si... je sais.
Mon père sera content, si... je sais ma leçon.
Mon cahier sera propre, si... je le soigne.
Ma mère m'embrassera, si... je suis sage.
J'écrirai, si... j'ai de l'encre.
Je jouerai, si... je ne suis pas puni.
On récoltera les dattes, si... elles sont mûres.
Les Arabes s'instruiront, s'... ils vont à l'école.
Le mulet portera les enfants, s'ils sont fatigués.

9ᵉ LEÇON MODÈLE

TRANSPOSITION DE LA PHRASE CONDITIONNELLE

Le rapport entre les verbes des deux propositions dans la phrase conditionnelle échappe très souvent aux Arabes. Au *futur* correspond le *présent*, au *conditionnel*, l'*imparfait*. Cette règle peut avoir de l'intérêt pour un instituteur, mais elle n'a jamais préservé des fautes. C'est par des exercices pratiques seulement qu'on réussit à faire concorder les temps sans hésitation. On fait transposer souvent des phrases du futur au conditionnel. Cet exercice peut être pratiqué sur des phrases que le maître propose, ou sur celles que les élèves ont eux-mêmes composées, comme celles de la leçon modèle précédente.

Le maître dit :	*L'élève dit :*
Je parlerai si je sais.	Je parlerais si je savais.
Je sortirai si le temps est beau.	Je sortirais si le temps était beau.
Mon père sera content si je sais ma leçon.	Mon père serait content si je savais ma leçon.
Ma mère m'embrassera si je suis sage.	Ma mère m'embrasserait si j'étais sage.
J'écrirai si j'ai de l'encre.	J'écrirais si j'avais de l'encre.
Je jouerai si je ne suis pas puni.	Je jouerais si je n'étais pas puni.
On récoltera les dattes si elles sont mûres.	On récolterait les dattes si elles étaient mûres.
Les Arabes s'instruiront s'ils vont à l'école.	Les Arabes s'instruiraient s'ils allaient à l'école.
Le mulet portera les enfants s'ils sont fatigués.	Le mulet porterait les enfants s'ils étaient fatigués.
Le blé poussera s'il pleut.	Le blé pousserait s'il pleuvait.
Le khammès récoltera s'il sème.	Le khammès récolterait s'il semait.

7

II. — RÉDACTION

10e LEÇON MODÈLE

LA CHÉCHIA

L'objet que je tiens entre mes mains, vous le connaissez bien, vous l'avez souvent vu, vous l'avez tous porté. Comment l'appelez-vous? — Une chéchia.

A quoi sert-il? — A se couvrir la tête.

Oui, la chéchia couvre la tête, la préserve du froid en hiver, la garantit du soleil en été; elle évite des rhumes; elle est fort utile. Cependant tout le monde ne porte pas la chéchia. Que mettent les Français? — Un chapeau.

Oui, comme la chéchia, le chapeau sert à couvrir la tête; l'un et l'autre sont des coiffures. La chéchia est la coiffure des Arabes; le chapeau est la coiffure des Français.

Comment est faite la chéchia? de combien de parties se compose-t-elle? — Elle a deux parties.

L'une, celle que j'indique du doigt, est celle qui reçoit la tête : c'est la calotte ou la coiffe. L'autre, qui pend après la calotte, comment l'appelons-nous en arabe? — La fleur. — Oui, nous lui donnons le nom de fleur, les Français disent le gland.

Ali, touchez la calotte; touchez le gland.

Remarquez la forme de la calotte. — Elle est ronde.

Comment appelons-nous sa belle et vive couleur? — Elle est rouge. — Oui, la calotte est ronde et rouge.

Elle est faite avec la laine du mouton : c'est du drap, du drap épais et fort.

Le gland ne ressemble pas à la calotte, il est fait tout autrement. Dites, Ahmed, quelle en est la forme? — Le gland est long. — La couleur? — Il est bleu. — La matière qui a servi à le faire? — Il est en soie. — Oui, il est formé de fils de soie attachés ensemble.

Vos parents achètent vos chéchias chez les marchands tunisiens; mais toutes ne viennent pas de Tunis, les Français nous en fabriquent beaucoup et nous les vendent à meilleur marché.

Voyons, répétons ce que nous avons dit. De quelles parties est formée la chéchia? — Quelle est la forme de la calotte, sa couleur? En quoi est-elle faite? — Donnez les mêmes renseignements sur le gland. — D'où viennent les chéchias? Où les fabrique-t-on? A quoi sert la chéchia? — Qui la porte? — Est-elle bien utile?

Les réponses sont écrites sur le tableau noir à mesure qu'elles sont faites, et on a la petite composition suivante :

LA CHÉCHIA

La chéchia est composée de deux parties : la calotte et le gland.
La calotte est ronde et rouge.
Elle est en laine.
Le gland est long et bleu.
Il est formé de fils de soie attachés.
Cette chéchia vient de Tunis ou peut-être de France.
La chéchia couvre la tête; c'est la coiffure des Arabes.
Elle est très utile : elle garantit du soleil et du froid, elle évite des maladies.

11e LEÇON MODÈLE

MON LIVRE.

Salah, tenez votre livre à la main ; votre livre qui est si joli, si propre. Montrez-le ; on le dirait neuf. Dites-nous ce que vous en savez. Et tout d'abord de quoi est-il formé ? — De papier. — Oui, des feuilles de papier sont cousues ensemble. Dites : Mon livre est formé de feuilles de papier.

Il est protégé par une feuille plus forte, plus épaisse qu'on appelle ? — La couverture. — C'est la couverture. La couverture est en carton. Quelle en est la couleur ? — La couverture est bleue. — Elle est bleue pour le livre de Salah, verte pour celui d'Ahmed, jaune pour celui d'Omar.....

Ouvrez votre livre comme si vous vouliez lire. C'est cela. Que voyez-vous ? — Des mots, des syllabes, des lettres, beaucoup des lettres. — Et encore ? — Des images. — Que dirons-nous des lettres ?... — Elles servent à lire. — Oui, cela est exact ; mais quand je les lis je m'instruis, qu'est-ce que j'apprends? — J'apprends des histoires. — En effet, les lettres racontent des histoires ; mais elles n'en racontent pas à tous les enfants. Les lettres ne parlent qu'à ceux qui savent lire, qui vont à l'école avec plaisir et y travaillent avec soin. Et des images qu'en dirons-nous ?... Vous les aimez, les images ; vous êtes content de les regarder. Je vous ai vu souvent tourner les pages pour les voir. Pourquoi donc ? — Elles sont jolies. — Les images sont jolies, bien jolies.

Belles histoires, jolies images : tout cela est dans le livre. Cela est utile, instructif. Et je ne suis pas étonné que Salah aime tant son livre. Il en a soin, comme on a soin d'un serviteur dévoué, fidèle. Mais un livre est encore mieux qu'un serviteur : A quoi pourrions-nous le comparer ? Voyons, Salah, êtes-vous souvent avec votre livre ? — Oui, Monsieur. — Où le prenez-vous le livre, et quand le lisez-vous? — A l'école très souvent, à la maison quelquefois. — Et quand vous allez de l'école à la maison, de la maison à l'école ? — Je le porte sous le bras. — Oui, il vous suit où vous allez comme fait votre petit frère, comme fait votre voisin Mustapha, qui vous aime beaucoup. C'est donc ?... — Un camarade. — Un livre est un camarade, un ami, un camarade dévoué, un ami fidèle. C'est un camarade qui ne se plaint jamais, qui fait toujours du bien.

Résumons-nous. Je questionnerai. Aboud écrira les réponses sur le tableau.

De quoi votre livre est-il composé ? — Comment s'appelle la première feuille du livre ? — Que voit-on sur les pages ? — Que racontent les lettres ? — Savez-vous les lire ? — Que pensez-vous des images ? — Aimez-vous votre livre ? pourquoi ? — A quoi avons-nous comparé le livre ? — Que devons-nous faire pour le livre qui nous rend tant de services, de si bons services ?

La composition ci-après sera copiée ou écrite de mémoire sur les cahiers :

MON LIVRE

Mon livre est composé de feuilles de papier blanc.
Il a une couverture en carton.
Sur les pages, on voit des lettres et des images.
Les lettres racontent de belles histoires.
Je sais les lire.
Les images sont jolies, très jolies.
J'aime mon livre, car il m'instruit.
Le livre est un bon camarade, un excellent ami.
Il me rend des services ; aussi j'ai bien soin de mon livre.

12e LEÇON MODÈLE

L'AVEU (Histoire morale)

C'était la veille du Mouloud. La mère avait préparé des gâteaux. Il y en avait au miel, qui étaient tout dorés ; d'autres, blancs comme le sucre, avaient le parfum de l'anis. Ils étaient appétissants, et le petit Omar en aurait bien mangé. Mais sa mère les avait déposés dans un coin du grand coffre aux belles fleurs rouges et bleues : elle les réservait pour la fête du lendemain.

Omar avait un camarade, Saïd, qui vint le voir en l'absence des parents. Saïd était gourmand et indélicat. Il sentit l'odeur de la bonne pâtisserie, et demanda à voir les gâteaux. Il les goûta, les trouva excellents. Il engagea Omar à les goûter à son tour. Celui-ci se décida après avoir beaucoup hésité : car il n'avait pas l'habitude de voler. Les deux enfants mangèrent, mangèrent tant, que les gâteaux disparurent sauf trois ou quatre. Omar s'en aperçut lorsqu'il n'eut plus faim : il était trop tard. Il eut des regrets ; car, par avance, il voyait le chagrin de sa mère, il redoutait la colère de son père. Mais le méchant Saïd était aussi rusé que gourmand. Il avait aperçu dans un coin le burnous du domestique. Il glissa rapidement dans le capuchon les quelques gâteaux qui restaient, et il entraîna son camarade au dehors. Il était temps, car le père et la mère rentraient.

Vers le soir, en rangeant la maison, la mère déplaça le burnous du domestique ; les gâteaux tombèrent du capuchon. Elle alla vers le coffre, l'ouvrit : plus rien. Omar qui était présent trembla. On appela le domestique ; on l'accusa ; il nia le vol. Mais la preuve était là : des gâteaux restaient encore cachés dans le burnous. Il se mit à pleurer, protestant de son innocence. Son maître lui dit d'un ton sévère : « Au vol, tu ajoutes le mensonge. Tu es indigne de rester à mon service ; sors d'ici, je te chasse. »

Omar assistait à cette scène sans rien dire. Il eut un élan de bon cœur. Il se jeta aux pieds de son père en s'écriant : « Ne le condamne pas, mon père, il est innocent. J'ai pris les gâteaux, il faut me punir. »

Le père fut touché de la franchise de son fils ; il lui sut gré de son repentir. Il lui donna sa main à baiser en guise de pardon. Une faute avouée est à demi pardonnée.

La mère fit d'autres gâteaux. Il est inutile de dire qu'Omar n'en mangea pas beaucoup à la fête du Mouloud. La honte baissait ses yeux et serrait ses dents.

Après avoir raconté ce récit avec toutes les explications nécessaires, le maître interroge les élèves. Il fait exprimer dans les réponses les divers incidents de l'histoire. Il fait juger la conduite des deux enfants, flétrit celle de Saïd, insiste sur le courage et la droiture d'Omar, qui empêche une injustice. Il demande les raisons pour lesquelles le père a pardonné. Il termine par quelques questions disposées en vue d'une petite composition qu'un élève écrit sur le tableau :

Qu'était le camarade d'Omar ? Quels étaient les défauts de ce camarade ? — Quels conseils suivit Omar ? — Que fit-il ? — Qui accusa-t-on ? — Que fit le domestique ? — Que dit son maître ? — Quelle fut la conduite d'Omar ? — Que pensez-vous de lui ? — Que nous apprend cette histoire ?

Voici la composition :

L'AVEU

Omar avait un mauvais camarade, appelé Saïd.
Saïd était gourmand et voleur.
Omar suivit ses conseils et son exemple.
Il mangea les gâteaux du Mouloud.
Le domestique fut accusé.
Il pleura.
Le maître voulait le chasser.
Omar dit la vérité ; il avoua sa faute.
Omar a bon cœur.
Il faut toujours avouer ses fautes.

III. — CALCUL ET SYSTÈME MÉTRIQUE

13ᵉ LEÇON MODÈLE

Le moniteur montre le litre aux élèves; il dit, et les élèves redisent après lui.

Litre, le litre, un litre.

M. — Qu'est-ce que je tiens à la main ?
É. — Vous tenez un litre à la main.
M. — Par quoi ?
É. — Par la poignée.
M. — Quelle forme a ce litre ?
É. — Il est rond.
M. — Oui ; il a la forme d'un cylindre.

On fait nommer des objets de forme cylindrique : pistolet, fusil, colonne, porte-plume, rouleau de papier.

M. — En quoi le litre est-il fait ?
É. — Il est en métal.
M. — Qui se sert du litre ?
É. — Les marchands.
M. — Le litre est utilisé par les marchands; il sert à mesurer du vin, de l'eau, de l'huile, du lait, du blé, de l'orge, des graines.

Voici un autre objet, il ressemble fort au premier ; comme le premier il est creux, à la façon de boîtes. N'a-t il pas la même forme ?

É. — Oui, c'est un cylindre.
M. — En quoi diffèrent ces deux objets ?
É. — Le second est moins haut. Il est plus large.
M. — Très bien. Mesurons avec cette bande de papier ou cette ficelle : Le premier est deux fois plus haut que large ; le second est également haut et large. Quel est celui qui contient le plus d'eau ?

Hésitation des élèves. Le maître remplit alors l'un des litres d'eau et verse le liquide dans l'autre.

É. — C'est la même chose.
M. — Vous voyez qu'ils sont de même grandeur, et nous appellerons le second comme le premier, 1 litre.
Seulement celui-là est le litre des marchands de vin, de vinaigre; celui-ci est le litre des marchands de lait, d'huile.

Enfin voici un autre litre ; en quoi est-il ?

É. — En bois.
M. — Comment voir s'il est de même grandeur que les deux autres ?
É. — En mesurant.
M. — Remplissons-le de sable ou de grain, et versons le

tout dans le premier litre ; vous voyez qu'il n'y a pas de différence. Ce troisième litre est le litre des marchands de grains.

Exercices d'application. — Combien avons-nous de litres différents ? — Comment est le litre des marchands de vin ? d'huile ? de grains ? — Mesurez un litre d'eau. — 2, 3, 4 litres d'eau, de sable. — Je remplis cette mesure de vin, combien en ai-je ? — Qu'est-ce qu'une bouteille de vin, de lait ? — Combien coûte un litre d'huile, de lait ?

14e LEÇON MODÈLE

LE GRAMME, USAGES, DOUBLE-GRAMME, DEMI-DÉCAGRAMME, DÉCAGRAMME.

Le moniteur montre un gramme ; il dit, et les élèves redisent après lui :

> Gramme.
> Le gramme.
> Un gramme.

Le moniteur. — Le gramme est-il gros ?

L'élève. — Non ; le gramme est tout petit.

Le moniteur fait passer le gramme entre les mains des élèves.

M. — Le gramme est-il bien lourd ?

É. — Le gramme est léger.

M. — En quoi est-il ?

É. — Il est en cuivre.

M. — Le gramme est un poids. Il sert à peser les marchandises.

Le moniteur montre le double-gramme et le fait passer entre les mains des élèves.

M. — Voici un autre poids. Est-il plus lourd ou plus léger que le gramme ?

É. — Il est plus lourd que le gramme.

Le moniteur met le double-gramme dans un des plateaux de la balance, et 2 poids de 1 gramme dans l'autre plateau.

M. — Oui, il est plus lourd que le gramme. Combien vaut-il de grammes ?

É. — Il vaut 2 grammes.

M. — Oui, c'est le double-gramme.

Le moniteur montrant le demi-décagramme dit : Qu'est-ce que je tiens à la main ?

É. — Vous tenez un autre poids à la main.

Le moniteur, après l'avoir fait circuler dans la classe : Est-il plus lourd ou plus léger que les deux autres poids ?

É. — Il est plus lourd que les autres poids.

Le moniteur en fait constater le poids au moyen de la balance, comme il a fait pour le poids de 2 grammes.

Il présente ensuite le décagramme, il procède de la même manière pour en faire voir la valeur.

M. — Combien ce dernier poids vaut-il de grammes ?

É. — Il vaut 10 grammes.

M. — Combien est-il de fois plus lourd que le gramme ?

É. — Il est 10 fois plus lourd que le gramme.

M. — On l'appelle le décagramme. Combien de fois vaut-il le poids de 5 grammes ?

É. — Il vaut 2 fois le poids de 5 grammes.

M. — Combien le poids de 5 grammes est-il contenu de fois dans le décagramme ?

É. — Il est contenu 2 fois dans le décagramme.

M. — Le poids de 5 grammes est la moitié du décagramme ; c'est le demi-décagramme.

Combien le décagramme vaut-il de doubles-grammes ?

É. — Il vaut 5 doubles-grammes.

Le moniteur exerce ses élèves au maniement des poids en faisant peser des objets dont le poids ne dépasse pas 20 grammes.

IV. — BIOGRAPHIES HISTORIQUES

15e LEÇON MODÈLE

JACQUES CŒUR

Je vais vous parler aujourd'hui d'un autre grand Français. Il s'appelait *Jacques Cœur.*

Jacques Cœur n'était pas un homme de guerre ; il était commerçant, — Que fait un commerçant ?... Comment fait-on le commerce ?...

A l'époque où vivait Jacques Cœur, on faisait peu de commerce. On n'osait s'éloigner de son pays pour aller chercher les produits étrangers. Ceux qui avaient le courage de visiter les ports de l'Orient s'enrichissaient. Ils achetaient les parfums, les soies, les tapis que ne fournissait pas l'Europe. Rentrés dans leur pays, ils les revendaient cher. Jacques Cœur alla dans un pays voisin de la Mecque, et il devint l'homme le plus riche de la France.

En ce moment, le roi Charles VII, avec l'aide de Jeanne d'Arc, faisait la guerre aux Anglais. Il fallait beaucoup d'argent pour payer les soldats. Jacques Cœur, qui aimait la France, prêta au roi. Grâce à l'argent donné par lui, les Anglais furent battus.

Comment Charles VII le récompensa-t-il ?

Il le fit son *argentier,* c'est-à-dire qu'il lui confia la garde du trésor royal.

Mais Jacques Cœur avait des ennemis jaloux de sa fortune ; ils l'accusèrent d'avoir volé le trésor. Le roi, qui savait que c'était faux, fit emprisonner Jacques Cœur, et il donna ses biens aux méchants qui étaient ses ennemis.

Que pensez-vous de Jacques Cœur?

C'était un homme habile, travailleur, dévoué à son pays.

Que pensez-vous de Charles VII?

Il a été ingrat envers un bon serviteur.

Mais la France se souvient de Jacques Cœur, et lui garde de la reconnaissance. Vous n'oublierez pas cet homme de bien qui a été malheureux.

16e LEÇON MODÈLE

MICHEL DE L'HÔPITAL

La France veut que ses enfants soient bons et justes. Les Français aiment la France. Ils ne sont ni méchants, ni injustes.

Michel de l'Hôpital était un bon Français. Il était juste et il était bon. Il était aussi très courageux. Il était le chef de la justice.

Un jour, un homme très puissant lui demanda de signer la mort d'un prisonnier. Michel de l'Hôpital refusa parce que ce prisonnier n'était pas coupable. L'homme puissant menaça Michel de l'Hôpital de le faire mettre en prison. Michel de l'Hôpital n'écouta pas ces menaces. Il sauva la vie du prisonnier. A-t-il bien agi?.....

A cette époque les Français se battaient entre eux parce qu'ils n'avaient pas la même religion. Michel de l'Hôpital essaya de leur faire oublier leurs querelles. Il leur dit que tous les Français devaient s'aimer. Il leur dit aussi que chacun est libre d'avoir la religion qui lui plaît. Michel de l'Hôpital était un homme sage. Ceux qui veulent donner leur religion aux autres par la force sont injustes et méchants.

Le maître. — Serez-vous injustes et méchants pour vos semblables ?

Les élèves. — Nous serons justes et bons pour nos semblables.

Le maître. — Bien. — La France vous aimera comme elle aime Michel de l'Hôpital.

V. — GÉOGRAPHIE

17e LEÇON MODÈLE

LES PYRÉNÉES

M. — Vous voyez sur la carte cette tache allongée que je parcours avec la baguette ; elle indique la place d'une suite de grandes montagnes : *Les Pyrénées.* Dites après moi.

É. — Les Pyrénées sont de grandes montagnes de France.

M. — Les Pyrénées sont longues, très longues, puisqu'elles s'étendent de l'Océan que voilà, à la Méditerranée que voici.

De ce côté, au nord, quel pays avons-nous ?

É. — La France.

M. — De ce côté, au sud, quel pays ?

É. — L'Espagne.

M. — Les Pyrénées sont placées entre la France et l'Espagne. Elles séparent ces deux pays.

É. — Les Pyrénées séparent la France de l'Espagne.

M. — Ce sont des montagnes hautes, élevées, très hautes, très élevées. Leur pente est rapide. Pensez-vous qu'il soit facile de les traverser ?

É. — Non, monsieur ; ce doit être fatiguant.

M. — Il est, en effet, très difficile d'aller de France en Espagne, quand on ne passe pas près de la mer. Les Pyrénées forment comme une muraille entre ces deux pays.

Ces montagnes sont fort belles. Au pied, on voit de riches *vallées* que des rivières arrosent sans cesse. En été, les pentes des Pyrénées présentent de *vertes prairies*, qui nourrissent des troupeaux de moutons. Les pics les plus élevés sont nus ou *couverts de neige*. De là descendent avec bruit des eaux claires. Elles coulent entre des rochers énormes. Tranquilles, elles sont bleues. Quand elles tombent en *cascades*, elles sont blanches. La cascade de Gavarnie est la plus haute du monde entier.

Sur les pentes de la montagne, on voit des forêts de sapins. Des *ours* les habitent. Un animal qui a la taille et l'*agilité de la gazelle* se tient sur les monts élevés.

Pendant la belle saison, les Pyrénées attirent de nombreux voyageurs et de nombreux malades. Les voyageurs grimpent sur les sommets. Les malades se soignent en prenant des bains dans les eaux chaudes qui sortent de terre.

Résumons-nous. Entre quelles mers se trouvent les Pyrénées ?

É. — Les Pyrénées s'étendent de la Méditerranée à l'Océan.

M. — Quels pays séparent-elles ?

É. — Les Pyrénées séparent la France de l'Espagne.

M. — Sont-elles élevées ?

É. — Ces montagnes sont hautes et difficiles à traverser.

M. — Que voit-on au pied des Pyrénées ?

É. — Les Pyrénées ont des vallées fort riches.

M. — Quels animaux vivent sur les pentes ?

É. — Ces montagnes nourrissent des troupeaux de moutons.

M. — Que devient la neige des hauteurs ?

É. — La neige des pics fond et forme des ruisseaux.

M. — Que forment les eaux en tombant ?

É. — Les eaux tombent en belles cascades.

M. — Quels animaux voit-on dans les Pyrénées ?

É. — Dans les Pyrénées, on trouve des ours, et un animal léger comme la gazelle.

M. — Les Pyrénées sont-elles visitées ?

É. — Les voyageurs visitent les Pyrénées. Les malades vont s'y guérir.

18ᵉ LEÇON MODÈLE

INDUSTRIE DE LA FRANCE *(1ʳᵉ leçon)*

LA HOUILLE

Ali, vous voyez cet objet noir que j'ai à la main. Vous savez bien ce que c'est, n'est-ce pas ? C'est un morceau de charbon ; c'est du charbon de bois.

Qu'en fait-on ? On l'allume, il brûle et il chauffe. Il sert à cuire notre nourriture.

Il y a un autre charbon qui brûle aussi, et qui chauffe beaucoup ; c'est *la houille*, qui ressemble à une pierre noire. On l'appelle aussi charbon de terre parce qu'on la trouve dans l'intérieur de la terre.

Si vous creusez un petit trou dans la cour de l'école, trouverez-vous du charbon de terre ? Non ; d'abord il n'y en a pas partout ; on le trouve seulement dans certains endroits. Ensuite, pour le retirer, il faut creuser des puits très profonds, plus que tous ceux où on trouve de l'eau ; ces puits vont souvent jusqu'à mille mètres sous la terre.

Des ouvriers qu'on appelle mineurs descendent dans ces puits et arrachent la houille avec des pioches ; d'autres ouvriers la montent dans de grands paniers.

Il y a beaucoup de ces puits de houille dans le *département du Nord* et dans la *vallée de la Loire*.

Le charbon de terre est moins cher que le charbon de bois, parce qu'il y en a beaucoup en France ; on le brûle pour chauffer les maisons. Il sert à forger le fer et à chauffer les machines qui font marcher les chemins de fer et les bateaux à vapeur.

19ᵉ LEÇON MODÈLE

INDUSTRIE DE LA FRANCE *(2ᵉ et dernière leçon)*

LE FER. — Presque toujours, on fabrique le fer et l'acier près des endroits où on a trouvé des mines de houille.

Les grandes fabriques de fer, avec lequel on fait ensuite des clous, des outils, des fers à cheval, etc... sont dans le *département du Nord, autour de Lille,* et à *St-Étienne.*

LES ARMES. — A *St-Étienne,* on fait aussi de belles et bonnes armes, fusils, pistolets, etc....

LES TOILES. — Comment est fait votre burnous ? Avec de la laine filée, n'est-ce pas ? Vous avez vu votre mère croiser les fils de la laine sur le métier ; elle tissait votre burnous.

En France on tisse beaucoup d'étoffes de laine ; mais on tisse aussi, à *Lille* et à *Rouen* surtout, d'autres étoffes faites avec du chanvre, du lin, du coton. Ce sont ces étoffes que votre père achète à la ville ; on en fait chez vous des chemises, des pantalons, etc....

La soie. — A *St-Étienne* et à *Lyon* on fabrique des étoffes de soie et ces beaux foulards que les femmes arabes mettent sur leur tête les jours de fête.

Le papier. — Le papier de vos livres et de vos cahiers vient de *Paris* ou d'*Angoulême*.

Le sucre, le savon, etc. — C'est à *Marseille* surtout qu'on fabrique le sucre que vous mettez dans votre café ou votre thé, le savon qui sert à laver vos vêtements, l'huile que vous mangez et que vous brûlez, la bougie qui vous éclaire la nuit.

(A mesure qu'il nomme ces localités, le maître les indique sur la carte.)

IV

COURS MOYEN

———

Observations préliminaires. — Conseils pédagogiques. —· Programmes. —
Leçons modèles.

———

I

OBSERVATIONS PRÉLIMINAIRES

Sauf pour la morale et les sciences usuelles, qui ne figurent
pas aux programmes précédents, il a paru inutile d'accompa-
gner le plan d'études du cours moyen de conseils pédagogiques et de leçons modèles. Les maîtres se reporteront aux
directions qui ont été tracées en vue de l'enseignement au
cours préparatoire et au cours élémentaire : il leur suffira de
s'inspirer de la méthode qu'ils ont suivie pour les deux divisions inférieures, tout en l'élargissant dans la mesure où le
comportent l'instruction et la capacité des élèves. On n'ou-
bliera pas que les exercices de langage en français restent, à
tous les degrés de l'école indigène, le pivot de l'enseignement. En dehors des lectures, récits, conversations, rédactions orales et écrites, toutes les leçons sont encore une
occasion d'apprendre la langue aux élèves. Elles contribuent
à la répandre, si elles s'adressent à l'intelligence, si elles font
penser et parler, si le maître corrige les réponses et les
devoirs des élèves au double point de vue des idées et des
mots, du fond et de la forme, si les notions sont étudiées
d'après une progression lente qui ne passe jamais à un fait
nouveau sans que le précédent soit connu, si, enfin, elles

sont fixées dans la mémoire par des révisions hebdomadaires et mensuelles.

Pour compléter et achever ce plan d'études, on en a fait un plan d'éducation ; à cet effet, les conseils placés en tête du programme de morale ne portent pas uniquement sur l'enseignement de cette matière au cours moyen ; ils ont trait à la discipline générale de l'école, ils s'appliquent à la manière d'élever les jeunes indigènes, à quelque division qu'ils appartiennent.

II

CONSEILS PÉDAGOGIQUES ET PROGRAMMES

—

EXERCICES DE LANGAGE

PROGRAMME

Révision des exercices faits au cours préparatoire et au cours élémentaire.

Interrogations sur le sens et l'emploi des mots qu'on étudie.

Phrases construites sur un mot, sur des éléments donnés.

Reproduction orale de petites phrases lues et expliquées, puis de récits racontés par le maître, enfin d'une lecture faite à haute voix.

Récit par un élève de l'emploi de sa récréation, de sa matinée, de son après-midi, d'une journée de congé. Faire raconter le repas, les occupations de la famille, les incidents de la vie arabe ou kabyle.

Conversations dialoguées entre élèves.

Chercher quelques synonymes.

Changer les termes d'une phrase, sans changer l'idée exprimée.

Trouver des contraires.

Raconter en langage ordinaire une poésie qu'on sait par cœur.

Exercices de rédaction : descriptions, narrations, récits, explication de sentences, proverbes.

Préparation orale des devoirs écrits de rédaction.

GRAMMAIRE, ORTHOGRAPHE, RÉDACTION ET RÉCITATION

PROGRAMME

NOTIONS TRÈS ÉLÉMENTAIRES DE GRAMMAIRE DONNÉES ORALEMENT

Le nom : nom propre, nom commun, genre et nombre.

L'adjectif : formation du féminin, du pluriel, accord de l'adjectif avec le nom.

Le pronom : les principaux pronoms, leur accord avec le nom.

Le verbe : les trois personnes, les trois sortes de temps, les modes. — Conjugaison des verbes *avoir* et *être*. Conjugaison de verbes réguliers et de quelques verbes irréguliers les plus usuels. (Faire conjuguer des phrases complètes.)

Le sujet du verbe : règle d'accord. Les verbes transitifs et les verbes intransitifs.

Le complément direct : manière de le reconnaître.

Le complément indirect : quelques prépositions employées dans la phrase.

La proposition simple : ses éléments, accord de l'attribut avec le sujet.

Le participe passé : règle générale de l'accord.

Notions sur quelques familles de mots : dérivés et composés.

Exercices oraux d'analyse grammaticale.

Décomposition de la proposition en ses termes essentiels.

EXERCICES ÉCRITS

Petits exercices grammaticaux de forme très variée.

Dictées d'orthographe courtes, choisies, sans recherche de difficultés, dans des textes instructifs à la portée des élèves.

EXERCICES DE RÉDACTION

Exercices écrits de rédaction : descriptions, narrations, récits, explication de proverbes, lettres usuelles.

EXERCICES DE MÉMOIRE

Récitation de fables, de petites poésies, de quelques morceaux de prose d'un genre très simple qui ont été précédemment expliqués.

MORALE

CONSEILS PÉDAGOGIQUES

I. BUT ET MOBILES. — L'école est ouverte à l'indigène pour l'instruire et surtout pour le moraliser. S'il est utile d'apprendre à lire, à écrire et à calculer, il est indispensable de penser honnêtement et de bien agir. Le savoir n'a de prix que par l'usage qu'on en fait ; il ne profite guère, s'il ne rend meilleur. L'instruction que l'école communique à l'indigène le place dans un état de supériorité relative vis-à-vis de ses coreligionnaires arabes ou kabyles ; comme elle est une arme à double tranchant, elle peut servir au mal comme au bien, contribuer soit à duper ou à exploiter les ignorants, soit à les secourir, à dissiper leurs préventions. Elle est par suite un écueil pour celui qui la possède, un danger pour la société, si elle n'est accompagnée d'un développement parallèle de la moralité. A l'école, l'instruction n'est donc qu'un moyen, l'éducation seule marque le but. L'une a pour objet l'intelligence qu'elle éclaire, l'autre s'adresse au cœur et à la volonté : au cœur pour l'éveiller aux sentiments affectueux, désintéressés ; à la volonté pour la fortifier, la diriger vers le devoir. L'Arabe qui a fréquenté l'école se reconnaîtra non à ce qu'il sait, mais à ce qu'il fait ; il se distinguera des autres indigènes par une probité plus scrupuleuse, des mœurs plus douces.

Ce résultat dépend en grande partie de l'action que le maître exerce individuellement sur chaque enfant ; mais il a pour facteur essentiel l'esprit général des élèves ; il faut entendre par là l'ensemble des dispositions qui les animent, des sentiments qu'ils nourrissent à l'égard de l'école. Il dépend du maître de créer autour de l'enfant une atmosphère saine dont il respire presque à son insu le parfum de bonté, et qui le pénètre insensiblement. Le milieu moralisateur sera formé

8

de concessions réciproques, de l'exemple des plus âgés, d'une saine émulation pour le travail et pour le bien, de traditions excellentes qui se conservent en s'améliorant. Sous sa douce influence, les élèves prendront des habitudes d'application, de soumission, de complaisance. Quand le bon esprit règne parmi eux, le devoir leur paraît facile, la tâche du maître se trouve allégée ; la règle s'impose à tous et ne pèse à personne : la discipline n'est plus un souci pour l'instituteur.

Certes, il est nécessaire d'établir dans toute école une règle absolue et respectée, car la dissipation de l'esprit empêche l'étude, retarde et compromet même les progrès. Ce besoin est plus impérieux encore dans les écoles indigènes, où les enfants insouciants, oublieux, déréglés, doivent de bonne heure être pliés à l'ordre et à l'exactitude, exercés à la prévoyance et au respect. Toutefois, il ne faudrait pas confondre la discipline avec certains caractères extérieurs qui en sont le signe ou la manifestation, mais n'en fournissent pas toujours la preuve. Le silence des élèves ou leur immobilité, la régularité des exercices ou l'exactitude mécanique dans les mouvements ne sont que l'apparence de la discipline. La discipline véritable s'appuie sur le cœur et la volonté de l'enfant ; elle résulte du goût au travail, de l'adhésion consentie à une règle sage, raisonnable. Tandis que l'ordre matériel s'obtient par une sévérité rigoureuse qui relève tous les manquements, toutes les défaillances pour les punir sans pitié, la discipline est le fruit d'une autorité habile qui sait se faire accepter parce qu'elle se montre indulgente sans rien perdre de sa fermeté. Qu'on ne s'illusionne pas : la crainte n'étend pas ses effets au delà du moment présent ; en use-t-on avec quelque persistance, elle brise les caractères, quand elle ne les rend pas indociles ou même révoltés. Or la France n'entend point faire des Arabes des sujets résignés, mais des citoyens qui acceptent son autorité parce qu'ils la reconnaissent équitable et nécessaire, des hommes qui suivent les impulsions droites et généreuses de leur conscience. L'affection est bien autrement propre à cette œuvre : la pensée du maître qu'il chérit retient l'enfant sur le point de tomber ; un cœur aimant se montre à nu, se découvre sans feinte ; la sympathie détruit les barrières qu'élève la sévérité, et qui sont un obstacle aux efforts les mieux intentionnés. Le maître qui a su s'attacher l'enfance est donc capable d'exercer sur elle une influence considérable. L'affection et non la crainte : voilà le plus solide fondement de l'autorité de l'instituteur, de la discipline scolaire.

Mais peut-on s'attacher de jeunes musulmans ? Les Arabes

affectent devant la douleur une impassibilité qu'on a quelquefois considérée comme de la sécheresse de cœur. On a eu
tort de prendre une résignation puisée dans les croyances
religieuses pour de l'insensibilité qui viendrait de la nature.
D'ailleurs l'enfant ne connaît pas la feinte ; Français ou Arabe,
il a un cœur tendre et aimant. Vos attentions empressées,
votre bonté caressante le toucheront et vous l'attacheront.
Le cœur est un foyer qui s'allume à la douce flamme de la
sympathie ; ce n'est pas en vain qu'on le réchauffe. L'enfance
répond aux soins qu'on a pour elle, et il est peu d'exemples
de natures jeunes qui ne rendent pas en obéissance et en
reconnaissance les bontés qu'on leur témoigne, le dévouement qu'on leur consacre.

Tout en restant la meilleure sauvegarde de la discipline,
l'affection s'aide puissamment de l'émulation. Les indigènes
algériens ont un amour-propre excessif ; ils sont sensibles à
l'éloge, fiers de leurs succès. Ce sentiment se manifeste de
bonne heure, et qui veut l'exploiter dirige à son gré les
jeunes indigènes. Encouragements, félicitations, bonnes
notes, récompenses tentent leur orgueil, secouent leur tor-
peur, stimulent leur activité. La vie régnera dans toute école
indigène où l'instituteur, ménager du blâme qui rebute, dis-
tribuera adroitement l'éloge et fera miroiter à point la récompense. A la vérité, l'amour-propre souvent excité dégénère
en vanité ou en jalousie ; mais le maître qui a du tact garde
la juste mesure, et il sera toujours possible de régler ce
sentiment après qu'on l'aura fait servir à créer de bonnes
habitudes.

L'enfant agit donc au début par amour-propre et par sympathie. Ces deux seuls mobiles suffiraient à le conduire s'il
était uniquement élevé en vue de l'école. Mais la lutte de la
vie exige un soutien plus ferme. L'homme qui obéit aux
impulsions de l'amour-propre est capable de terribles égare-
ments ; en outre, le cœur ne raisonne point, et il risque de
jeter dans des liaisons dangereuses. La conscience seule ne
trompe pas ; c'est elle qu'il faut prendre pour guide. L'honneur et la sympathie sont alors le terrain fécond qui en
prépare l'éclosion. Dès que la conscience parle, on se hâte
de rendre l'enfant attentif et docile à sa voix, on lui apprend
en quoi consiste l'obligation, combien elle est impérieuse,
sacrée. Ce que l'enfant faisait par sentiment, il le fera désor-
mais par devoir : c'est le but assigné à l'éducation du
caractère et à l'enseignement de la morale.

II. ÉDUCATION MORALE. — L'éducation de l'enfant comprend tout ce que fait le maître pour régler ses sentiments et sa conduite. Elle résulte de l'autorité qui retient, des avertissements qui conseillent, des reproches qui corrigent; elle consiste en une action lente mais incessante exercée par l'instituteur, moins encore sur l'ensemble de la classe que sur chaque élève en particulier. En effet, les mêmes moyens de correction ne conviennent pas à tous, et on adapte ses procédés aux besoins de chacun. A la diversité des penchants, le maître oppose de grandes ressources d'esprit; le secret pour amender n'est pas de moraliser à tout instant, mais d'intervenir à propos, de trouver le mot juste, celui qui va au cœur.

L'art de l'éducation est tout entier dans ce tact qui est un don naturel, mais se développe par la fréquentation des enfants et la connaissance des caractères. Il est indispensable que l'instituteur observe les élèves en classe, qu'il les suive en récréation dans leurs rapports de camaraderie, qu'il prenne auprès des parents des renseignements sur leurs inclinations. Il notera leurs goûts, leurs tendances, apprendra leurs petits défauts, leurs qualités naissantes. Sa provision de faits n'aura pas seulement un intérêt de curiosité; elle lui fournira les moyens de diriger les caractères. Connaissant ses élèves, il saura encourager les timides, humilier les présomptueux, confondre les menteurs et désarmer les jaloux. Il sera en mesure de discerner l'effort qui constitue le vrai mérite, du succès qu'assurent les aptitudes naturelles.

En outre de sa valeur, la bonne volonté de l'enfant est indispensable pour continuer l'impulsion venue du maître. Là où elle manque, celui-ci se débat dans l'impuissance. Il n'aboutit à aucun résultat utile, s'il n'a pour collaborateur l'élève auquel il a inspiré le désir de se corriger. Et, dans ce cas encore, le progrès moral ne se réalise qu'au prix de victoires lentes et continues remportées par le maître et l'élève sur les instincts à combattre. C'est que l'enfant préfère le plaisir au devoir; chez lui l'égoïsme se développe sans effort, tandis que les sentiments généreux ont besoin de culture. De plus, il séjourne peu à l'école, et il ne reçoit pas dans la famille des directions aussi intelligentes, au dehors des exemples aussi honnêtes que ceux qu'on voudrait lui voir suivre. L'enfant retombera donc dans la même faute souvent signalée, plusieurs fois réprimée. Il ne s'amendera pas aussi vite que le souhaiterait l'impatience du maître. Que ce dernier ne s'en indigne, ni ne s'en étonne ! Les mauvaises habitudes sont tenaces; les bonnes sont longues à établir. En matière d'éducation, le succès ne suit pas immédiatement l'effort : il faut savoir attendre, confiant et serein, des fruits qui tardent à mûrir. L'instituteur puisera dans cette considération une grande indulgence pour les défauts des enfants, une inaltérable patience pour leur faiblesse.

D'ailleurs, il ne faut pas voir dans toutes les infractions de l'enfant une intention maligne. Ils sont très rares ceux dont la méchanceté est native, ceux qui agissent avec la volonté préméditée de faire le mal ou d'offenser le maître. La plupart des fautes de l'enfance résultent de la légèreté, de l'irréflexion ; elles sont inconscientes. De plus, comme toutes n'ont pas une égale portée, on aurait tort de montrer une même sévérité à l'égard d'une simple infraction au règlement et d'une malice qui blesse l'honnêteté ; on est moins exigeant en ce qui touche les devoirs de la classe comme l'ordre, le silence, qu'en ce qui touche les devoirs plus profonds de la conscience, comme la probité, la franchise, la complaisance, la bonté. Toutefois l'éducation consiste moins à réprimer les défauts ou les vices qu'à favoriser l'épanouissement des instincts généreux ; il vaut mieux prévenir que punir. A cet égard, la confiance que l'on manifeste à l'enfant est un adjuvant précieux ; elle inspire les saines et fortes résolutions. Sans vous bercer précisément d'illusions, affectez de croire aux sentiments que vous voulez faire éclore. Rarement l'enfant trompe la confiance qu'on lui témoigne. Le soupçon, la défiance provoquent au contraire la malice, et quand ils portent à faux donnent l'idée du mal que primitivement l'enfant n'avait pas conçue.

Le maître se persuadera de l'efficacité de ces conseils à propos de quelques défauts qu'on s'accorde à reconnaître comme plus fréquents chez les jeunes indigènes. Ils sont dissimulés, mais le mensonge est moins un vice de nature que le résultat d'une éducation mal entendue. Des exigences excessives, une sévérité outrée lui donnent naissance. L'enfant qui a commis une faute, même vénielle, ment pour échapper à une punition qui dépasse toute mesure ; comme il sait qu'il n'excitera pas votre compassion, il s'avilit pour s'épargner la peine d'un châtiment corporel. Mené par le bâton, comment ne deviendrait-il pas servile avec les forts, arrogant pour les faibles, dissimulé à l'égard de tous ? Voulez-vous relever les caractères : accueillez la franchise même quand elle est un peu brutale ; pardonnez à l'aveu s'il est accompagné d'un regret sincère, et surtout tenez pour vraies les affirmations de vos élèves quand vous n'avez aucun motif sérieux de les mettre en doute.

Une mauvaise tendance à combattre, c'est l'indélicatesse :

au lieu de l'attaquer de front par la répression, encouragez
la probité à laquelle vous fournissez l'occasion de s'affirmer.
Laissez à la portée de l'enfant ce qui vous appartient, remet-
tez-lui la garde de ce que vous voulez conserver; il aura à
cœur de se montrer honnête. Ce que l'on met sous clef le
tente; le fruit défendu excite sa convoitise; la confiance, au
contraire, est un appel à son amour-propre.

Il faut pourtant reconnaître qu'en dépit d'actes de malhon-
nêteté souvent constatés, l'indigène possède à un haut degré
le sentiment de la justice; il ressent vivement les torts qu'on
lui cause. Est-il besoin de dire que la plus stricte équité
présidera à la distribution des faveurs du maître, au jugement
des contestations qui s'élèveront entre les enfants? L'iniquité
dont il souffre irrite l'Arabe, le Kabyle surtout, à un degré
extrême; de l'indignation à la colère, il n'y a qu'un pas, et les
natures frustes ne saisissent pas la nuance. On prévient les
suites fâcheuses de l'emportement en exerçant sur les élèves
une surveillance incessante pendant les récréations, en les
entourant de soins paternels, au sens où les Français prennent ce qualificatif. Une humeur toujours calme et égale chez
le maître ne sera pas sans faire impression sur l'esprit des
élèves.

L'exemple d'un dévoûment sans relâche, d'un travail
qui ne regarde pas à la peine prédisposera l'enfant à faire le
sacrifice de quelques-uns de ses droits. Les rapports entre
les hommes sont faits de concessions mutuelles. La stricte
justice ne se suffit pas à elle-même; elle est d'une raideur
que tempèrent seules la bienveillance, la charité. Qui réclame
tout ce qui lui revient est bien près d'exiger plus qu'on ne lui
doit. Les enfants devront comprendre que pour être juste il
faut éviter d'atteindre l'extrême limite de ses droits et
s'astreindre à dépasser la ligne de ses obligations absolues.
Cette considération, à défaut de la bonté native, poussera
l'enfant à consentir quelques petits sacrifices, à prêter ses
jouets, ses instruments de travail, à partager ses fruits. C'est
donc par l'apprentissage de la charité que l'on combattra la
colère et qu'on en préviendra les suites funestes. Cette éducation morale, qui est l'œuvre maîtresse, de l'école peut se
résumer dans ces termes: en ce qui concerne le maître,
vigilance et patience; en ce qui concerne l'élève, confiance et
docilité.

III. ENSEIGNEMENT MORAL ; SON OBJET. — L'influence exercée
en particulier sur chaque élève est forcément intermittente;
et pour si intime qu'elle soit, elle disperse les efforts de l'ins-

tituteur. Elle est assurée et complétée par des leçons métho-
diques. L'enseignement moral vise à éclairer l'intelligence,
à toucher le cœur, à convaincre la raison ; il donne à la fois
la connaissance et l'amour du devoir, et dispose la volonté
vers le bien. Le programme qui en a été tracé ne renferme
rien qui ne soit à la portée de tous les esprits, rien qui ne
s'accorde avec toutes les croyances religieuses. Il comprend
les devoirs de morale courante, ceux que reconnaît et pratique un honnête homme, à quelque race, à quelque culte qu'il
appartienne.

Il faut bien qu'on le sache : la France n'entend faire parmi
les musulmans aucune propagande religieuse ; elle pratique
la plus large tolérance à l'égard de tous les dogmes. Elle ne
poursuit qu'un but : faire des enfants arabes et kabyles des
hommes de bien, et on peut pratiquer la vertu tout en restant
fidèle musulman. Elle demande donc à ses instituteurs, français ou indigènes, de montrer le plus grand respect pour les
croyances des élèves et de leurs parents, de s'abstenir scrupuleusement de la moindre critique à l'égard des doctrines
du Coran. Les moniteurs se tromperaient s'ils se figuraient
qu'en affichant l'irréligion ils répondent aux intentions de
l'administration ou lui sont seulement agréables. Un tel zèle,
inspiré peut-être de louables sentiments, serait toujours mala-
droit, parfois même coupable. La France ne couvrirait pas de
son patronage un prosélytisme tellement en contradiction
avec ses idées de liberté. Pour exercer une action bienfaisante
et efficace, les moniteurs doivent jouir de la confiance de
leurs coreligionnaires : ils la perdront s'ils ne « disent la
formule », s'ils ne se privent de boissons alcooliques, s'ils
ne s'astreignent aux pratiques du ramadan. Respectent-ils, au
contraire, les prescriptions du Coran, ils auront une incon-
testable autorité pour parler au nom de la France, pour enseigner la morale.

Le maître a d'ailleurs bien des préjugés à combattre sans
s'attaquer à la religion. Les maximes erronées que l'opinion
répand et qui ne touchent pas aux secrètes convictions de
l'âme suffisent à son zèle : qu'il les attaque sans hésitation et
sans trève ! Telles sont les maximes suivantes :

L'ennemi ne se changera pas en ami, pas plus que le son en farine.

Lorsque tu vois deux personnes qui se fréquentent, dis : L'une est dupe
de l'autre.

Celui qui n'a pas de miel chez lui doit en avoir dans son langage.

On ne saurait trop combattre ces proverbes qui découra-
gent l'amitié, préconisent la flatterie ou la servilité. D'un autre

côté, on trouvera des avantages à appuyer ses conseils des maximes d'une morale dont personne ne s'aviserait de contester la pureté :

Qui creuse un trou pour son frère y tombe.
Une pierre offerte par un ami vaut une pomme.
Celui qui veut avoir du miel doit supporter les piqûres des abeilles.
Ne marche sur la terre ni avec orgueil ni avec vanité : tu ne saurais la fendre en deux ni égaler les montagnes.
Sois semblable à l'aiguille, qui habille les gens et qui est toujours nue.

On remarquera qu'il est certaines vertus qui nous paraissent naturelles parce que nous les suçons avec le lait, et qui manquent à la tradition arabe. Sans chercher à faire les indigènes à notre image, — ce qui n'est ni possible ni désirable,— il faut s'appliquer à leur donner quelques-unes de ces qualités énergiques ou généreuses qui appartiennent plutôt à l'Européen qu'à l'Oriental. Ce sont, parmi les vertus privées, le travail et l'activité, l'ordre et l'exactitude, l'économie et la prévoyance. Elles se rattachent toutes au prix du temps dont l'Arabe, sinon le Kabyle, ne connaît pas la valeur. Dans le domaine des vertus domestiques, où l'on ne doit toucher qu'avec beaucoup de précautions et une extrême réserve, il est nécessaire de relever la condition de la femme, qui doit être non la servante, mais l'âme de la famille. Les petits enfants arabes aiment leur mère, et l'aiment bien tendrement. Les préjugés éteignent chez l'homme cette flamme du jeune âge ; l'éducation doit l'attiser assez pour lui conserver longtemps sa chaleur. L'amour filial soigneusement entretenu enseignera le respect de la mère d'abord, de la compagne plus tard, et enfin de la fille. C'est sur ce sentiment qu'il faut le plus compter pour donner à la femme, dans un avenir éloigné, une place moins effacée et plus honorable au foyer domestique. Enfin, en ce qui concerne les rapports sociaux, l'Arabe riche pratique très largement l'aumône qui lui est recommandée par le Coran. Il faut faire pénétrer cette idée chez le peuple que si l'aumône est le monopole de ceux que la fortune a favorisés, la charité douce et bonne est au pouvoir de tous, même des plus pauvres : car elle ne consiste pas seulement à prodiguer son bien par des largesses, mais aussi et surtout à répandre les trésors de son cœur sous la forme de marques de bienveillance, d'actes de gracieuseté, de paroles de consolation.

Ces notions auront de la peine à pénétrer ; mais il en est des idées comme des clous ; on les enfonce à coups redoublés. Le maître insistera sur les conceptions auxquelles les

enfants sont le plus rebelles ; il répètera aussi souvent qu'il
le jugera nécessaire les leçons qui portent sur les défauts
les plus fréquents et les plus tenaces.

IV. MÉTHODE. — Mais il convient d'entrer dans des détails
plus précis et d'esquisser la méthode que comporte l'enseignement moral. Qu'on en soit bien persuadé : la méthode
tirera sa force non de sa propre perfection, mais de l'ascendant
moral du maître. Il faut moins d'habileté que de conviction
pour réussir à émouvoir. Les cœurs ont une tendance à battre
à l'unisson ; si on l'éprouve soi-même, on communiquera aux
élèves l'admiration du bien, l'indignation pour le mal. Il suffit
donc de se montrer sincère ; un maître dont la conduite est
un continuel exemple n'a qu'à exprimer ce qu'il pense, ce
qu'il sent. Qu'il parle un langage simple sans banalité, d'une
allure grave sans affectation, sur un ton élevé mais éloigné de
l'abstraction et de la théorie ! Les dissertations, les généralités,
les conseils vagues touchent peu l'enfant. Les vertus que vous
cherchez à lui communiquer, persévérance, probité, pardon,
bienfaisance, fidélité au serment, sont des abstractions ; vous
avez beau vous évertuer à en faire valoir la grandeur et le
mérite, vous le laissez froid, indifférent. Mais voulez-vous
voir ses yeux briller, sa curiosité s'éveiller, racontez-lui des
actes de vertu, animez vos conceptions, rendez-les pour ainsi
dire concrètes. La persévérance, c'est Bernard Palissy qui
brûle sa maison pour chauffer son four ; la probité, Éloi qui
rend à Dagobert deux trônes au lieu d'un ; l'oubli des injures,
Socrate qui, au moment de mourir, pardonne à ses ennemis ;
la bienfaisance, Vincent de Paul qui, pauvre, recueille les
orphelins pour les nourrir et les élever ; le respect de la parole
donnée, La Barbinais, qui sacrifie sa vie pour tenir son serment. Et maintenant que vous avez gagné l'attention de
l'élève, le terrain est apte à recevoir la semence ; vous pouvez
discourir, mais toujours à la condition de rester sobre, discret.

C'est que dans toute leçon de morale on se propose une
double fin : produire des émotions et laisser des idées. On
provoque l'émotion par un récit ; on fixe l'émotion par une
maxime.

Il est devenu banal de dire que les enfants aiment les récits
et les légendes ; chacun sait que les plus mobiles passeraient
sans ennui des heures entières à écouter des histoires ; leur
imagination naissante et insatiable y trouve un aliment à sa
portée. Ce goût est particulièrement prononcé chez les Orien-
taux ; il ne sera pas difficile d'intéresser des Arabes par des
récits.

Le choix des historiettes est un point délicat. On ne s'asservira pas à un livre ; il est préférable de glaner dans les divers ouvrages de morale qui ont été écrits pour les écoles, afin de ne prendre de chacun que la fleur, ce qui est excellent, exquis.

L'histoire est une mine inépuisable de traits de vertu admirables ; on peut y faire une ample moisson, depuis les Grecs épris de beauté et de vertu, jusqu'aux meilleurs de nos contemporains ; l'histoire de France abonde en actions héroïques qui méritent d'être proposées en exemple. L'instituteur peut raconter en prose des fables de La Fontaine, quelques scènes de nos écrivains classiques. Enfin l'enseignement devrait parfois s'appuyer sur les incidents variés de la vie scolaire ; certaines allusions discrètes que les intéressés comprendront bien seront les meilleures des leçons. Mais on évitera de présenter le bien comme l'apanage de quelques nations à l'exclusion de la race arabe. La vertu, privilège d'un petit nombre d'élus, paraîtrait aux élèves un idéal hors de leurs moyens. Ne se sentant pas nés pour la perfection, ils ne travailleraient pas à l'acquérir. La collection des récits moraux ne sera complète que si elle comprend quelques scènes de la vie arabe.

Une recommandation essentielle : tous les récits seront de la plus pure morale. Il faut entendre par là qu'on écartera toutes ces histoires fades qui ne répondent pas à la réalité des choses, qui pour vouloir être édifiantes faussent la morale. Elles la rabaissent au niveau d'un code ; en prétendant toujours punir le mal, récompenser le bien, on fait de l'intérêt le mobile de la conduite. Or le devoir seul doit être le motif et le but de nos actions ; les récits qui font appel au cœur et à la conscience de l'enfant sont les seuls qui puissent le rendre meilleur et désintéressé.

L'émotion est passagère ; la pitié, l'admiration, l'enthousiasme ne durent qu'un instant. Le maître est resté au-dessous de sa tâche, s'il n'a pas transformé ces sentiments en bonnes dispositions. Dans cet objet, il commentera le récit moral, il analysera l'impression éprouvée par l'élève. Après le cœur qui sent, viennent la raison qui explique, et la mémoire qui retient. Il est nécessaire de ramener la leçon à quelques formules claires et brèves qui seront comme autant de règles de conduite. Ce seront des maximes courtes fondamentales, qui, présentes à l'esprit, rendront la sérénité à l'âme. Les préceptes, comme moulés dans leur forme proverbiale, soutiennent aux moments de défaillance, retiennent sur la pente du mal. Les Arabes ont une prédilection pour les

sentences, qui débitent la sagesse humaine en petites tran-
ches et la mettent à la portée des faibles. Si on les en nourrit,
ils les rappelleront avec complaisance. On dira peut-être que
ces souvenirs de leçons ne prouveront rien au point de vue
de la moralité. Le mot sera plus souvent sur les lèvres que le
sentiment au fond du cœur. Cela est peut-être juste : mais
on finit par penser comme on parle et par agir comme on
pense.

En résumé, une leçon de morale comporte, avec des variantes possibles, les divisions suivantes : 1° récit fait par le
maître ; 2° commentaire consistant en un échange d'idées
entre les élèves et l'instituteur ; 3° préceptes dictés, repro-
duits sur le cahier et appris par cœur ; 4° devoir écrit suivi
de correction.

Il n'est pas douteux qu'une série de leçons présentées avec
suite, conçues dans l'esprit indiqué, complétées par des
lectures à haute voix, ne laissent une trace durable dans les
sentiments, les idées, la conduite des élèves. Les progrès
moraux qui en résulteront nécessairement seront pour l'instituteur la meilleure récompense d'une tâche pénible, mais qui
laisse des satisfactions douces et élevées.

PROGRAMME

DEVOIRS ENVERS SOI-MÊME

Propreté dans son corps, ses vêtements, son habitation :
ablutions, blanchissage, balayage.

Ordre dans ses cahiers, son linge, ses biens : l'ordre soulage la mémoire, épargne le temps, conserve les choses.

Travail : le temps est de l'argent, le bien employer. Obligation du travail pour tous les hommes ; importance et dignité
du travail manuel.

Persévérance : finir ce qu'on a commencé.

Prévoyance : ne pas remettre au lendemain ce qu'on peut
faire la veille.

Sobriété et tempérance : éviter la gourmandise et la glou-
tonnerie, être modéré dans la recherche des plaisirs.

Économie : ses avantages ; dangers des dettes, de la passion du jeu. Les caisses d'épargne postales, les caisses de
retraite pour la vieillesse, les assurances sur la vie.

Franchise et mensonge : dire toujours la vérité.

Modestie et orgueil : ne pas tirer gloire de la fortune, des
mérites extérieurs, simplicité du costume.

Patience et colère : rester maître de soi, se garder de l'emportement, dangers de la colère.

Courage et poltronnerie : braver le danger, supporter le malheur.

Instruction et ignorance : avoir honte de la paresse, de l'ignorance, plaisirs et avantages de la lecture.

DEVOIRS DANS LA FAMILLE

Obéissance, respect, amour, reconnaissance envers les parents.

Les frères et les sœurs : devoirs des grands et des petits, amitié fraternelle.

Rôle de l'homme et de la femme : l'homme qui a la force fait les travaux pénibles et nourrit la famille; la femme veille aux soins du ménage et élève les enfants.

Les serviteurs : les traiter avec bonté.

Les animaux domestiques : services qu'ils nous rendent, obligation de ne pas les maltraiter.

Respect des oiseaux utiles et de leurs nids.

DEVOIRS DANS L'ÉCOLE

L'instituteur « second père » : obéissance, respect, reconnaissance qu'on lui doit.

Nécessité du travail et de la discipline à l'école.

La bonne camaraderie : complaisance pour les petits, services à rendre à tous.

DEVOIRS ENVERS LES AUTRES HOMMES

Douceur et brutalité : éviter les provocations et les voies de fait; défendre les faibles.

Probité et vol (1) : payer ses dettes; rendre ce qu'on a trouvé, ne pas prendre le bien d'autrui.

Bonne foi : tenir la parole donnée; être honnête dans les marchés; ne tromper ni sur la quantité ni sur la qualité de la marchandise.

La réputation : ne pas calomnier, ne pas porter de faux témoignages.

Les croyances : diversité des religions; tolérance à l'égard de toutes; dangers du fanatisme.

---

(1) Voir la 1re leçon modèle.

L'aumône et l'avarice: donner de son bien aux pauvres.

La bienveillance: se réjouir du bien qui arrive aux autres.

La bienfaisance: soulager les malheureux, consoler ceux qui souffrent.

Le dévouement: sacrifier ses intérêts pour les autres; sauver ceux qui sont en danger.

La justice et la charité: ne faites pas à autrui ce que vous ne voudriez pas qu'on vous fît; faites à autrui ce que vous voudriez qu'on vous fît à vous-mêmes.

PERFECTIONNEMENT MORAL

Différence entre le devoir et l'intérêt.

La conscience (1): plaisirs et peines qu'elle procure; le remords, le repentir.

La vie future: Dieu.

Les préjugés: redresser les croyances grossières; djinns, rouhbânes, tsouïra, sorciers.

Les bonnes et les mauvaises habitudes (2): influence des compagnies.

L'examen de conscience quotidien: moyen de se corriger du vice et d'acquérir la vertu.

DEVOIRS ENVERS LA FRANCE

Protection que la France accorde à l'Algérie : ordre et justice assurés; progrès réalisés.

Soumission, reconnaissance.

Nécessité de l'impôt pour assurer la sécurité des biens et des personnes et une bonne administration: condamnation de la fraude.

---

(1) Voir la 2e leçon modèle.
(2) Voir la 3e leçon modèle.

HISTOIRE DE FRANCE ET D'ALGÉRIE, INSTRUCTION CIVIQUE

PROGRAMME

1° HISTOIRE

La vie du sauvage, et la vie de l'homme civilisé.

Le bassin de la Méditerranée : marche de la civilisation de l'est à l'ouest.

La Berbérie : Carthage et Annibal ; conquête romaine, son influence.

La Gaule : Vercingétorix et César ; la civilisation romaine en Gaule.

Jésus : sa religion ; propagation du christianisme à Rome, en Berbérie, en Gaule.

Origine de la nation française.

Les Arabes : Mahomet et sa religion. Conquête de la Berbérie et de l'Espagne.

Charles-Martel : la bataille de Poitiers.

Les Khalifats : civilisation arabe ; décadence.

Charlemagne : ses conquêtes ; sa puissance ; démembrement de son empire.

Les Normands et la conquête de l'Angleterre.

La féodalité : le roi, les seigneurs, les serfs.

L'Église : les croyances et l'art chrétien au 12me siècle.

La chevalerie : les croisades.

La bourgeoisie et les communes sous Louis VI.

Saint Louis : ses expéditions en Égypte et à Tunis ; son administration.

Philippe le Bel : sa lutte contre la papauté ; légistes et États généraux. Le Parlement.

La guerre de cent ans : Duguesclin et Jeanne d'Arc.

La révolte des serfs et la tentative de révolution d'Étienne Marcel.

Les Turcs : prise de Constantinople ; conquête de l'Algérie ; la piraterie.

Les inventions au moyen âge : poudre, linge, papier, imprimerie.

Les créations administratives : armées permanentes, impôts, postes.

Les découvertes maritimes : Christophe Colomb ; Vasco de Gama. Le commerce, la traite des noirs.

Le triomphe de la royauté sur la féodalité: Louis XI et Charles le Téméraire.

Les guerres d'Italie: François 1ᵉʳ et Bayard.

La Renaissance: les lettres et les arts.

La Réforme: les guerres de religion; la Saint-Barthélemy.

Henri IV et Sully: industrie et agriculture.

Richelieu: établissement du pouvoir absolu.

Louis XIV: ses guerres. Ministres, généraux, amiraux.

Expédition du nord de l'Afrique: Porçon de la Barbinais.

Éclat des lettres, des sciences et des arts.

La cour de Versailles.

Les colonies françaises du 18ᵉ siècle: part de la France dans la guerre d'indépendance des États-Unis.

Progrès des idées modernes: Voltaire, Rousseau.

La Révolution française: ses causes, son caractère.

La République: souveraineté nationale; liberté, égalité, fraternité. La prise de la Bastille; la nuit du 4 août; la Fédération.

Le drapeau français: Valmy. Les généraux de la Révolution: leurs victoires.

Napoléon: expédition en Égypte.

L'empire français. Guerres européennes: Marengo, Austerlitz, Iéna, Friedland, Wagram, la Moskowa, Leipzig, Waterloo.

La royauté restaurée: monarchie constitutionnelle, influence de la Révolution sur l'Europe.

La Révolution de 1830.

L'Algérie sous la domination turque: conquête et colonisation par la France.

La République de 1848: suppression de l'esclavage, proclamation du suffrage universel.

Le second empire.

La troisième République: conquête de la Tunisie et du Tonkin.

L'instruction et le bien-être au XIXᵉ siècle: progrès des sciences, de l'industrie et des lettres; la vapeur et l'électricité.

Le centenaire de la Révolution et l'Exposition universelle.

2° INSTRUCTION CIVIQUE

La République française; la devise républicaine: liberté, égalité, fraternité.

Différence entre un citoyen et un sujet: naturalisation, ses avantages.

Les charges du citoyen: obligation scolaire, service militaire, impôt.

Impôts arabes.

La loi : la Chambre des députés, le Sénat.

L'exécution de la loi : le Président de la République, les Ministres.

L'Algérie : le Gouvernement général, le Conseil supérieur de la colonie.

Le département : le Préfet, le Conseil général.

Les trois catégories de communes algériennes : communes de plein exercice, communes mixtes, communes indigènes.

Commune de plein exercice : le Maire, le Conseil municipal.

Commune mixte : l'Administrateur, la djemmaâ.

Commune indigène : autorité militaire.

La justice : chekaïa, cadi et juge de paix, tribunal, cour d'assises.

Organisation de l'instruction publique : enseignement supérieur, secondaire et primaire en France et en Algérie.

État civil : nom familial.

La propriété : partage des biens.

GÉOGRAPHIE

PROGRAMME

Reprendre, en le développant, le programme du cours élémentaire.

Les grandes nations de l'Europe.

Les cinq parties du monde.

Les grandes mers du globe.

Les colonies françaises.

CALCUL ET SYSTÈME MÉTRIQUE

PROGRAMME

1° CALCUL

Révision du cours précédent.

Division : 1° par un nombre de deux chiffres ; 2° par un nombre quelconque.

Problèmes d'application sur les quatre opérations.

Les nombres décimaux : écriture et lecture ; rendre un nombre décimal 10, 100.... fois plus grand ou plus petit.

Les quatre opérations sur les nombres décimaux ; problèmes d'application.

Règle de trois simple.

Intérêt, taux de l'intérêt, calcul de l'intérêt : 1° pour un an ; 2° pour un certain nombre d'années.

Le *tant* pour 100 : calcul d'une commission, d'une remise.

Idée générale des fractions : réduire au même dénominateur deux fractions dont le dénominateur n'a qu'un chiffre ; additionner, soustraire ces mêmes fractions.

Prendre une fraction d'un nombre.

Caractères de divisibilité : par 2, par 5, par 3, par 10.

Simplifier : 1° des fractions ; 2° des expressions.

Application à des problèmes usuels, aux exercices de calcul mental, qui seront toujours continués simultanément avec le calcul écrit.

2° SYSTÈME MÉTRIQUE

Système légal des poids et mesures étudié au point de vue pratique.

Représentation au tableau noir des figures planes : carré, rectangle, parallélogramme, trapèze, triangle, cercle.

Calcul de la surface du carré, du rectangle, du triangle. Superficie du tableau noir, de la salle de classe, de la cour, d'un champ, etc.

Faire distinguer en les montrant : le cube, le prisme, la pyramide, le cylindre, le cône, la sphère.

Calcul du volume d'un corps par le produit de ses trois dimensions : cubage d'une brique, d'un mur, capacité d'une boîte, de la salle de classe, etc.

9

NOTIONS ÉLÉMENTAIRES SUR LES SCIENCES USUELLES

CONSEILS PÉDAGOGIQUES

I. OBJET. — Le programme de leçons de choses comprend quelques notions sur les transformations que l'homme fait subir à la matière première, sur les animaux, les végétaux et les terrains, sur les phénomènes naturels les plus remarquables. En une matière aussi étendue, il a fallu choisir un petit nombre de questions essentielles dans lesquelles le maître se renfermera strictement; ici le résultat sera plus sûrement atteint par quelques faits clairement expliqués et nettement démontrés que par des connaissances étendues, mais confuses.

Ce résultat est à la fois pratique et éducatif.

A l'école primaire, les sciences naturelles sont présentées dans leurs applications à l'hygiène et à l'agriculture. Elles enseignent par là la propreté du corps, l'aération des habitations; elles font connaître les premiers soins à donner dans les cas d'accidents comme l'asphyxie, l'empoisonnement; elles répandent enfin les notions indispensables sur l'entretien de la santé. Elles jettent un jour particulier sur les opérations du jardinage et les travaux agricoles; elles tendent à remplacer des pratiques routinières et primitives par une culture raisonnée et rémunératrice. En vulgarisant ces connaissances, on aidera l'indigène à sortir de la misère; on lui procurera un bien-être relatif.

De plus, un enseignement qui rend l'enfant attentif aux phénomènes qui se produisent autour de lui est de nature à lui donner des sens exercés, une intelligence sagace. Les remarques auxquelles il donne lieu sur les faits de la nature, qui autrement seraient passés inaperçus, développent l'esprit d'observation, qui est le point de départ de la plupart de nos connaissances. Les sciences physiques et naturelles fournissent l'explication des phénomènes qui paraissent mystérieux aux ignorants, et à des influences occultes substituent des causes naturelles; la constatation et l'énoncé de quelques lois physiques font comprendre l'harmonie et la constance des phénomènes, et contribuent ainsi à combattre les préjugés.

Les enfants ont un goût très prononcé pour cet enseignement qui est captivant par essence, et qui s'accommode des procédés de raisonnement qui leur sont familiers; ils vont du fait particulier à l'idée générale, du concret à l'abstrait : c'est l'induction, qui est la méthode même des sciences naturelles.

II. Méthode. — Il est presque superflu d'ajouter que cet enseignement sera intuitif et expérimental. Il se donnera, non par le livre, mais en présence de la nature, et au moyen des choses.

S'agit-il d'un fait que les élèves ont observé, d'un animal, d'une plante qu'ils connaissent : par des questions appropriées le maître le fait décrire, en complétant au besoin les remarques des élèves. A défaut de l'observation directe, on emploie les images, dont la vue précise les idées et les grave plus profondément. Enfin, le maître reproduit en petit dans sa classe les phénomènes qu'il explique : il peut par des expériences simples, à la portée de tous, mettre en évidence les propriétés des corps. Mais dans tous les cas la méthode est la même. A la base une constatation : c'est un spécimen que l'on examine, un phénomène que l'on note, un appareil, un organe que l'on décrit, une expérience dont on suit les différentes phases. Les réflexions des élèves, les commentaires du maître s'appuient ainsi sur des faits précis et connus. La leçon est un entretien familier dans lequel le maître place l'élève sur la voie de la vérité et lui ménage le plaisir de la découverte. Les interrogations posées, jamais difficiles ou abstraites, toujours habilement graduées, suggèrent les causes du phénomène étudié; on explique les faits, on les généralise et on les exprime dans la forme d'une loi physique. Les applications, s'il y a lieu, terminent la leçon.

Il ne faudrait pas se figurer que cet enseignement nécessite un outillage de physique ou de chimie. Les objets qu'on a sous la main, vases, verres, bouteilles, quelques tubes, quelques substances qu'on trouve partout, suffisent à un maître ingénieux pour ces démonstrations.

Dans toutes les écoles primaires, on peut, par exemple, élever quelques vers à soie, suivre dans un bocal les transformations d'un têtard de grenouille, etc... Le jardin de l'école, où les élèves seront régulièrement et fréquemment conduits, est le champ d'expériences tout indiqué. Il contiendra les légumes, les plantes dont on aura à parler ; on y étudiera la germination ; on y fera des essais sur les effets des engrais, des arrosages; on y montrera comment se pratiquent la bouture, la greffe.

III. Matériel. — Le musée scolaire fournit la matière des

leçons de choses. Des conseils sur la composition de ce musée ont été donnés à propos des exercices de langage du cours préparatoire ; il y a lieu de les compléter.

La collection pour l'enseignement au cours moyen doit, en effet, être plus étendue. Elle se formera par les apports des élèves, par les récoltes faites dans les promenades mensuelles. Il ne faudrait pas s'imaginer qu'il faille chercher des spécimens rares : des choses usuelles, très répandues, répondent mieux aux besoins de l'enseignement.

Voici comment un musée pourrait être composé. Il comprendrait :

1° Les matières premières avec les produits manufacturés qui en découlent, classés dans l'ordre du programme. Suivant les cas, on les dispose sur des cartons, ou les met dans des flacons, ou on les dépose simplement sur les rayons d'une armoire ;

2° Quelques animaux montés par l'instituteur, s'il a une certaine habileté manuelle, mais en tout cas ceux qu'il suffit de recueillir pour les conserver, scorpions, insectes, papillons, coquillages. On met dans l'alcool les serpents, les lézards. Les principaux insectes utiles et nuisibles classés méthodiquement sont fixés par des épingles sur du liège ;

3° Le ver à soie, et à défaut un autre papillon, avec ses métamorphoses, œuf, chenille, chrysalide, insecte parfait ;

4° L'abeille, ouvrière, mâle, reine, avec son gâteau ;

5° Quelques plantes séchées et fixées sur du papier ;

6° Des échantillons des terres, pierres, fossiles de la localité ;

7° Des échantillons de bois de la région ;

8° Quelques verres, terrines, tubes, pour les démonstrations physiques ; les produits chimiques les plus connus, ceux qu'on emploie en agriculture et en économie domestique ;

9° A défaut de quelques appareils simples de physique, un thermomètre au moins.

PROGRAMME

Transformation de la matière première. — Le blé, la farine, le couscous, le pain.

Le lait, le beurre et le fromage.

La vigne, le raisin, le vin.

L'olivier, l'huile, le savon.

Le sel, mines de sel, marais salants.

Le sucre, canne et betterave.

Le mouton, la chèvre, le chameau, la laine (filage et tissage), cordes, tellis, tentes, draps, tapis.

Autres matières servant au vêtement : coton, chanvre, soie.

Les chiffons, le papier, le livre (imprimerie).

Peau et tan : cuir.

Construction : la chaux et le plâtre, mortier.

Ameublement : le bois, bois ordinaire, bois précieux.

L'argile : poteries grossières, poteries fines.

Le fer : extraction, préparation, outils et machines.

Le chauffage : bois, charbon de bois, houille.

L'éclairage : suif et bougie, pétrole, gaz, électricité.

L'homme. — La digestion, les aliments : soins à donner dans les cas d'empoisonnement.

La circulation du sang : hémorrhagies, manière de les arrêter.

La respiration : aération des appartements, asphyxie par la vapeur du charbon, premiers soins à donner aux noyés.

Le squelette et les muscles : transport des blessés, pansement des blessures.

La chaleur du corps : peau et sueur La propreté : ablutions et bains.

Le cerveau : effets de l'alcool, du tabac, du kif.

Les animaux. — Mammifères domestiques et sauvages : alimentation et hygiène des animaux de la ferme.

Oiseaux : services qu'ils rendent à l'agriculture.

Oiseaux de basse-cour : soins à leur donner.

Serpents, vipères, scorpions : soins en cas de morsure.

Grenouilles et crapauds : leurs transformations.

Poissons d'eau douce, de mer : les grandes pêches, conserves.

Insectes : métamorphoses du papillon (1).

Les insectes utiles et les insectes nuisibles : les criquets.

Les abeilles : ruche, miel et cire.

Animaux marins qui fournissent la nacre et le corail.

Microbes : maladies contagieuses. La vaccination contre la petite vérole et la rage. Précautions à prendre en cas d'épidémie.

Les végétaux. — La plante : racines, tige, feuilles.

La fleur et le fruit.

---

(1) Voir la 4e leçon modèle.

La germination : ses conditions, choix des graines.
Instruments d'agriculture : la charrue et les labours.
Le fumier : préparation, emploi.
La culture des céréales : blé, orge, avoine, bechna.
Instruments de jardinage : binage et sarclage.
Culture des légumes : arrosages. — Fèves, haricots, pois,
choux, navets, salades. — Pommes de terre.
Les principaux arbres fruitiers : bouture, greffe.

Les terres. — Action des fleuves et des rivières sur le sol.
Action de la mer sur les rives.
Les terrains déposés par les eaux : les fossiles, la houille.
Volcans et tremblements de terre.

Phénomènes physiques. — Les vases communiquants : puits
artésiens du Sahara (1).
La poussée des corps plongés dans l'eau : navires ; ballons.
Le poids de l'air ; pression atmosphérique : les pompes.
La chaleur et les trois états des corps : thermomètre.
Nuage, pluie, neige, grêle.
Les vents : sirocco.
La force de la vapeur : les locomotives des chemins de fer
et les machines de l'industrie.
La boussole et l'étoile polaire.
L'électricité et la foudre : éclairs et tonnerre ; télégraphe.
L'air, sa composition. — L'eau, sa composition.
La combustion : chauffage et éclairage.

<hr>

DESSIN

PROGRAMME

Dessin à main levée. — Représention perspective au trait
de corps mis sous les yeux des élèves : 1° Solides géométriques, cube, prisme, pyramide, cylindre, cône ; 2° Objets
usuels : marteau, maillet, boite, terrine, vase, meïda, pain
de sucre, coffre arabe, étagère..., etc.

(1) Voir la 5e leçon modèle.

(Le modèle est accroché au mur ou posé sur une table; dans le dernier cas, les élèves sont placés autour en cercle ou en demi-cercle).

Représentation géométrale au crayon à main levée (plan et élévation) de corps à forme très simple mis sous les yeux des élèves : 1° Solides géométriques: cube, prisme, pyramide, cylindre, cône; 2° Objets en bois exécutés en travail manuel : planchettes diversement profilées, assemblages élémentaires; 3° Objets usuels : boîte, banc, table, marteau, maillet, etc.

Ornement. — Dessins géométriques: arabesques, palmettes; courbes empruntées au règne végétal: feuilles, fleurs, fruits. Continuation des exercices faits au cours élémentaire.

Dessin géométrique. — Emploi au tableau noir des instruments servant au tracé des lignes droites et des circonférences : règle, compas, équerre, rapporteur.

TRAVAUX MANUELS

PROGRAMME

1° TRAVAUX AGRICOLES

Reprendre en les appliquant au champ d'expériences les leçons déjà faites sur l'agriculture :

Emploi des instruments d'agriculture, charrue, bêche, faux, etc.

Démonstrations pratiques.

Ensemencement, sarclage, récolte des principales céréales: blé, orge, avoine, bechna.

Emploi des instruments de jardinage : houe, bêche, râteau, greffoir, sécateur, etc.

Culture des légumes : fèves, haricots, pois, lentilles, choux, navets, carottes, salades. Arrosages.

Pomme de terre.

Principaux arbres fruitiers : amandier, cognassier, poirier, pommier, abricotier, cerisier, prunier, olivier, oranger, mandarinier, vigne, dattier, etc. Bouture, greffe.

2° TRAVAUX D'ATELIER

Cartonnage. — Découper un triangle, un polygone étoilé.
Assembler : un cube, un prisme à base carrée ou rectangulaire ; une pyramide à base triangulaire ou carrée, un cylindre.
Fabriquer une boîte rectangulaire, cylindrique.

Vannerie. — Continuation des exercices faits au cours élémentaire. Confection de paillassons.

Fil de fer. — Carrés, rectangles ; torsades ; ressorts à boudin ; support triangulaire ou rectangulaire, gril, grillage carré ou rond ; corbeille, nid d'oiseau ; crochets, chaînes, agrafes ; support d'abat-jour.
(On fera habiller de jonc, de diss ou de palmier les objets qui comportent un recouvrement).

Travail du bois à la scie. — Sciage en divers sens. Tracer sur une planche les pièces à débiter (équerre, crayon et mètre). Débiter à la scie. Assembler les pièces en les clouant.
Objets à fabriquer : caisse, banc, meïda octogonale, cadre, étagère, porte-pipes, porte-cannes, coffre-fort, etc.
Traits de scie à mi-bois : (le bédane) ; dessins plan sur plan : grecques, entrelacs, entailles de formes diverses.

Travail du bois au rabot et au ciseau. — Dégauchir une pièce ; mettre les faces d'équerre. Assemblages simples ; entures à mi-bois, tenon et mortaise.

III

LEÇONS MODÈLES

MORALE

1re LEÇON MODÈLE

LA PROBITÉ

Le maître raconte :

LE MARCHAND ET L'ARABE

Un marchand de Kairouan se rendait au Caire pour acheter des marchandises. Toute la journée il voyagea à cheval ; à la nuit tombante, il arriva dans un douar, s'arrêta devant un gourbi misérable, et demanda l'hospitalité au pauvre Arabe qui l'habitait avec sa famille.

Le lendemain, au point du jour, il reprit sa route, car il était pressé. Dans la journée, l'Arabe s'aperçut qu'une sacoche était restée dans son gourbi. Il la souleva, et la trouva pesante ; il la laissa tomber, elle rendit un son métallique. C'était de l'argent oublié par le voyageur.

Vite, l'Arabe sella son cheval le plus agile, et il partit au grand galop pour rejoindre le marchand. Il ne le rencontra que le soir. Le voyageur s'était aperçu de son oubli ; inquiet, il revenait sur ses pas.

— Où vas-tu ? dit l'Arabe.

— J'ai perdu ma sacoche, répondit le marchand.

— Non, tu ne l'as pas perdue ; elle était restée dans mon gourbi. Tiens, la voici.

Le marchand remercia l'honnête Arabe, lui offrit deux douros en récompense. Celui-ci refusa : « Non, je ne prendrai rien ; j'ai assez de dattes sous ma tente pour vivre et nourrir ma famille. »

Après avoir laissé quelques secondes ses élèves sous l'impression de la superbe réponse de l'Arabe, le maître désigne un élève pour raconter à son tour l'histoire ; puis une conversation s'engage.

M. — Que pensez-vous de la conduite de l'Arabe, qui a rendu, restitué une sacoche pleine d'argent ?

É. — Il a très bien agi.

M. — Remarquez qu'il n'a pas hésité un instant. Qu'en savez-vous ?

É. — Il a vite sellé son cheval.

M. — Et quel cheval ?

É. — Le plus agile, celui qui courait le mieux.

M. — Oui, il pouvait tranquillement attendre chez lui; mais il a bon cœur, et il a hâte de rassurer le voyageur qui peut être inquiet. Il n'a vu que son devoir ; il a écouté le cri de sa conscience. Que lui disait sa conscience ?

É. — Il faut rendre ce que vous avez trouvé.

M. — Justement, mes amis, et ce devoir s'appelle la *probité*. L'homme qui a de la probité ne prend pas le bien des autres, rend ce qu'il a trouvé, ce qu'on lui a donné en trop, ce qu'on lui a prêté ; en un mot, il restitue ce qui ne lui appartient pas. En quoi consiste la probité ?

É. — La probité consiste à rendre aux autres ce qui ne nous appartient pas.

M. — Et notre Arabe s'est montré honnête ; il a fait preuve de probité. Répétez.

É. — L'Arabe a fait preuve de probité.

M. — Mais il était pauvre ; il pouvait se servir de cet argent pour nourrir sa famille. Il n'y a même pas songé. Manger la galette des autres, le couscous des autres, les dattes des autres ! cela fait mal au cœur et aussi à l'estomac. On ne mange pas avec appétit le blé volé ; il laisse des regrets.

Le bien mal acquis ne profite guère, et il remplit la bouche de gravier. Dites :

É. — Bien mal acquis ne profite guère.

É. — Le bien mal acquis remplit la bouche de gravier.

M. — L'Arabe n'a pas pensé qu'avec tant d'argent, il pouvait acheter pour lui un grand burnous brodé, pour ses enfants de belles et brillantes châchias, pour sa femme une riche ceinture dorée. Ces parures auraient été le produit du vol. Il aurait perdu, avec la tranquillité de sa conscience, sa réputation d'honnête homme. Bonne renommée vaut mieux que ceinture dorée. Répétez ce proverbe.

É. — Bonne renommée vaut mieux que ceinture dorée.

M. — Mais l'Arabe a rejoint le voyageur. Celui-ci s'était aperçu de son oubli ; il retournait sur ses pas. Que lui dit l'Arabe ?

É. — Ta bourse n'est pas perdue ; la voici.

M. — Qu'a fait le marchand ?

É. — Il a offert deux douros, dix francs.

M. — Ne pensez-vous pas qu'il a fait quelque chose auparavant ?

É. — Il a dû remercier l'Arabe.

M. — Oui, il a remercié, puis a offert de l'argent. Il était touché de la probité de l'Arabe et de son empressement. Qu'a répondu l'Arabe en refusant ?

É. — J'ai assez de dattes sous ma tente pour nourrir ma famille.

M. — Parole très belle, très digne ; il est pauvre et refuse une récompense. Rendre est pour lui chose naturelle ; agir autrement eût été malhonnête, se dit-il. Il remplit son devoir sans espoir d'en retirer un bénéfice. Il est plus qu'honnête ; il est plein de délicatesse.

Résumons-nous. Ali, écrivez au tableau noir, et la classe copiera.

Tous les élèves écrivent les phrases suivantes, qui sont dictées par l'instituteur, ou exprimées par un élève à la suite d'une question posée.

LA PROBITÉ

1. Quand on a trouvé un objet, on a pour devoir de le rendre au perdant.
2. La probité consiste à rendre ce qui ne nous appartient pas.
3. Bien mal acquis ne profite guère.
4. Bonne renommée vaut mieux que ceinture dorée.
5. Quand on vous a rendu ce que vous aviez perdu, vous devez des remerciements et, au besoin, une récompense.
6. La délicatesse nous commande de refuser ce qu'on nous offre.

2e LEÇON MODÈLE

LA CONSCIENCE

KABYL ET HABYL

Kabyl était jaloux de son frère Habyl. Il l'entraîna dans la campagne et le tua. Dès lors il n'eut plus un instant de repos. Dans la nuit, il se réveilla en sursaut : un œil le regardait ; il eut peur. « Je suis trop près », pensa-t-il.

Kabyl éveilla ses enfants ; on monta sur des chameaux, et la caravane se dirigea vers le couchant. Après plusieurs jours de marche, on arriva au bord de la mer. « Arrêtons-nous, dit le père ; nous sommes au bout du monde, et ce lieu est sûr. » A peine était-il assis, qu'il vit l'œil sévère apparaître à l'horizon ; il trembla. « Fuyons », dit-il.

Suivi de sa famille, il courut vers le sud, et s'enfonça dans le désert. On planta les tentes sur la vaste plaine nue. Mais à travers la toile en poil de chameau, Kabyl vit encore l'œil qui le fixait avec une expression de reproche.

Les enfants bâtirent une maison de pierre fermée de toutes parts, et placèrent le père au centre. Peine inutile ! l'œil avait pénétré, et Kabyl effrayé s'écria : « Il me regarde encore ! »

A la demande du père criminel et malheureux, on creusa un souterrain noir et profond. Après que Kabyl y fut descendu, on le referma sur lui. Mais l'œil était entré et le regardait fixement dans la nuit sombre du tombeau.

Cet œil, c'est la conscience qui poursuit les misérables et venge leurs victimes.

(Imité de Victor Hugo.)

M. — Mes amis, cherchons ensemble ce qu'est la conscience figurée dans ce récit par un œil partout présent. Ne vous est-il pas arrivé, Ali, d'être embarrassé pour agir. Vous avez peut-être trouvé un bracelet, un bijou, et vous avez eu le désir de le garder ; pourtant vous vous êtes décidé à chercher le perdant. On vous a fait une méchanceté, et vous avez pensé à vous venger ; cependant vous avez contenu votre indignation, et vous avez pardonné. Un camarade qui se baignait allait se noyer ; vous aviez peur du danger ; néanmoins vous vous êtes jeté à l'eau pour le sauver. Ce guide sûr qui vous dit où est le bien, qui fait taire vos préférences en face du devoir, quel nom porte-t-il ?

É. — C'est la conscience.

M. — La conscience est plus encore qu'une conseillère. Si elle vous avertit avant d'agir, elle vous juge après. Elle vous dit : « Tu as bien fait ; tu as mal fait. » Qu'elle approuve ou condamne, elle ne se trompe jamais ; elle est sévère, mais juste. Dites tous : la conscience est un juge infaillible.

É. — La conscience est un juge infaillible.

M. — Le méchant peut se cacher, échapper à la punition des lois ; partout où il va sa conscience le poursuit et le tourmente. C'est un témoin sans cesse attaché à nos pas, à qui rien n'échappe, qui n'oublie rien. Kabyl, le méchant frère, en est la preuve : que lui est-il arrivé ?

É. — Il a fui au bord de la mer, au fond du désert ; il s'est enfermé dans sa tente, dans une maison ; il s'est enseveli dans un souterrain : en tout lieu, sa conscience lui a reproché son crime.

M. — Oui, et il n'avait pas un instant de repos. La pensée de son crime le troublait dans ses courses, dans ses travaux, dans son sommeil. Jour et nuit, il était torturé par le *remords*. Combien est à plaindre l'homme qui ne vit pas en paix avec sa conscience ! Que vous en semble ?

É. — Le remords rend l'homme malheureux.

M. — On éprouve au contraire une douce satisfaction à la pensée qu'on a fait son devoir. L'homme à qui sa conscience ne reproche rien est heureux ; à défaut de la fortune ou des honneurs, il jouit de sa propre estime. Ce contentement moral, il est donné à tous de le goûter, même quand on est tout jeune, parce qu'on a souvent occasion de rendre de petits services à ses camarades, de prouver son affection à ses parents. Il est la meilleure récompense qu'il nous soit donné de goûter. Suivez donc toujours les bons mouvements de votre cœur, écoutez la voix de votre conscience....

Résumons :

LA CONSCIENCE

1. La conscience est à la fois un guide et un juge.

2. Comme guide, elle nous fait distinguer le bien du mal.

3. Comme juge, elle nous dit si nos actions sont bonnes ou mauvaises.

4. Le contentement moral ou la satisfaction de notre conscience est le sentiment que nous éprouvons lorsque nous avons accompli notre devoir.

5. Le remords est la douleur que nous éprouvons quand la conscience nous reproche nos fautes.

6. Nous échappons parfois à la justice des hommes ; nous ne pouvons nous soustraire au jugement de notre conscience.

7. Nul n'est heureux s'il ne jouit de sa propre estime.

3e LEÇON MODÈLE

LES BONNES ET LES MAUVAISES HABITUDES

LES PETITS VOLEURS

La scène se passe dans un souk arabe. Deux marchands sont voisins. L'un vend des dattes, des oranges et des coings ; l'autre, des tomates rouges, de fraîches salades et des melons appétissants. Ils sont tous les deux assis à la manière orientale, les jambes croisées sur une natte de palmier nain *(doum)*.

Devant ses oranges, Abdallah ben Ahmed, un beau vieillard à longue barbe blanche, se tient grave comme un derviche. Il cause à voix basse avec son voisin, marchand à la mine rusée, dont les yeux brillent malicieusement.

De quoi parlent-ils ? Abdallah raconte les ennuis que lui donne la conduite de son fils Ali : c'est pour cela qu'il est grave et que sa voix a quelque chose de triste.

Devant les boutiques, la foule passe ; les uns achètent des pains ronds tachetés de noir, d'autres des pois chiches, quelques-uns des raisins à gros grains ou des jujubes flétries, mais personne n'a besoin de dattes, de coings ou d'oranges, et on ne dérange pas Abdallah.

Tout à coup, dans la foule, deux enfants se cachent derrière les passants, s'avancent vers l'étalage d'oranges. Ce sont Aziz et Hamoud, les deux fils du barbier arabe, dont on voit la boutique à l'entrée de la rue des Girafes. L'un a dix ans et l'autre onze. Ils ont la mine éveillée, le regard fripon, et ils se drapent dans leurs burnous en jetant un coup d'œil rapide sur l'étalage d'Abdallah, qui ne regarde pas de leur côté.

« Les oranges sont bien belles ; elles doivent être exquises ! » dit Aziz.
— « Ces coings sont dorés et ces dattes transparentes ! » ajoute Hamoud.

Et, sournoisement, comme des chats qui avancent la patte devant un morceau de viande, les enfants du barbier prennent une orange et un coing.

Mais à ce moment, Abdallah levant la tête et passant ses doigts dans les flots de sa longue barbe blanche, voit les deux voleurs qui rient de leur action et se préparent à se sauver à travers la foule.

Aziz et Hamoud, dissimulant les fruits volés, baissent piteusement la tête.

Abdallah va céder à la colère et tancer les deux méchants garçons, mais soudain il pense à son fils, et sa colère fait place à une triste pitié.

Alors il dit aux enfants du barbier :

« Aziz et Hamoud, prenez garde ; mon fils a commencé comme vous,...
» Lui aussi faisait des farces aux marchands de Rahbet-el-Souf, mais une

» telle farce est aussi un vol.... Aujourd'hui mon fils est le souci de ma
» vieillesse.... Gardez ces fruits et respectez le bien d'autrui. »

Pendant qu'Aziz et Hamoud s'en vont la tête basse, Abdallah essuie les
larmes qui voilent ses yeux.

Après que le maître a raconté ce récit, qu'un élève l'a répété, le
commentaire commence :

M. — Comment qualifier l'acte d'Aziz et d'Hamoud qui ont pris des
fruits ?

É. — C'est un vol.

M. — Qu'est-ce qui a poussé ces enfants à mal faire ?

É. — La gourmandise.

M. — Oui, ces petits voleurs sont de petits gourmands, ils ont aussi
voulu rire aux dépens du vieil Abdallah, ce qui n'est guère mieux.
Cependant il faut reconnaître, et cela explique leur conduite, qu'Aziz et
Hamoud ne croyaient commettre qu'une faute sans importance. Les fruits
ont si peu de valeur ! Mais est-ce là une excuse ?

É. — Non, Monsieur, le mal ne peut être excusé !

M. — Très bien, mes enfants. La probité doit se montrer jusque dans
les plus petites choses. Répétez :

É. — On doit montrer de la probité jusque dans les plus petites choses.

M. — Oui, l'honnête homme se fait un scrupule de s'approprier un sou,
un fruit, une épingle. Ce n'est pas la valeur de l'objet enlevé qui constitue
la gravité de la faute : elle est tout entière dans le fait de prendre ce qui
n'appartient pas. D'ailleurs il n'y a pas autant de différence que l'on croit
entre un larcin comme celui de ces enfants et un vol considérable. L'un
conduit à l'autre ; comme le dit un proverbe français : Qui vole un œuf est
capable de voler un bœuf. N'en avons-nous pas une preuve dans l'histoire
que vous venez d'entendre ?

É. — Oui, le fils d'Abdallah a commencé par faire des farces aux
marchands, puis il est devenu un homme méchant. Aujourd'hui il fait le
malheur de son père.

M. — C'est toujours ainsi que l'on devient malhonnête, méchant,
vicieux. On commence par de petits actes d'indélicatesse qui paraissent
insignifiants ; à force de les répéter, on les considère comme innocents.
On se familiarise petit à petit avec des fautes de plus en plus graves, et
on prend l'habitude de se mal conduire. Une comparaison vous fera mieux
comprendre ce que je vous dis. Avez-vous jamais descendu une colline,
une côte rapide ? Que vous est-il arrivé ?

É. — Monsieur, au début on prend des précautions, on avance lentement ; à mesure qu'on descend, on se sent entraîner ; malgré soi on va
plus vite, puis la course se précipite, et on ne peut plus s'arrêter.

M. — Il en est de même du vice. C'est un chemin incliné sur lequel il
est dangereux de s'engager ; quand on en a descendu la pente, on la remonte
rarement. L'habitude du mal est persistante, surtout quand elle est
ancienne. On a dit avec raison que l'habitude ressemble à un arbre qui
prendrait des racines dans notre cœur. Il sort de terre : c'est une herbe.
Pensez-vous qu'il soit difficile de l'arracher ?

É. — On l'arrache sans effort.

M. — Oui, mais quand l'arbre a plusieurs années d'existence ?

É. — Il est solidement attaché au sol.

M. — Il en est de même des habitudes : on s'en débarrasse difficilement si elles sont anciennes : Répétez :

É. — On se débarrasse difficilement d'une habitude ancienne.

M. — C'est ce que comprenait le vieil Abdallah, et il avait des raisons de le croire. On prend, étant enfant, les habitudes qu'on aura étant plus âgé. Pour être homme de bien, ce n'est pas trop de s'y préparer quand on est jeune. Aziz et Hamoud se sont engagés dans une mauvaise voie ; mais ils ont encore le temps de se corriger. Abdallah les y aura aidés.

É. — Il a été bon pour ces deux petits polissons.

M. — Ils n'oublieront pas la tristesse de ce vieillard qui a pleuré. Ils penseront à la peine qu'ils feraient à leur père, à leur mère, à leur instituteur, s'ils devenaient des mauvais sujets ; ils travailleront à se donner de bonnes habitudes : car.....

É. — Qui veut être homme de bien, doit s'y préparer étant jeune.

M. — Résumons-nous. Ali écrira le texte au tableau noir, puis vous le reproduirez sur vos cahiers.

LES HABITUDES

1. L'honnête homme montre de la probité jusque dans les plus petites choses.

2. Qui vole un œuf est capable de voler un bœuf.

3. On commence par de petits actes d'indélicatesse, et on finit par prendre l'habitude du mal.

4. On se débarrasse difficilement d'une habitude ancienne.

5. Qui veut être homme de bien doit s'y préparer étant jeune.

SCIENCES USUELLES

4e LEÇON MODÈLE

MÉTAMORPHOSES DU PAPILLON

Le maître dispose des spécimens ci-après : chenille, papillon, œufs de papillon, cocon de ver à soie, etc.

Examinez le petit ver attaché à cette feuille de chou ; il s'appelle une chenille, c'est une chenille de papillon. Ali, décrivez-la. (L'élève indique la forme du corps, les anneaux, les pattes, la tête....) Regardez bien la chenille : elle mange ; comment s'y prend-elle ? (Un élève la montre sur la tranche de la feuille qu'elle creuse.....)

Voyez maintenant cet autre insecte aux couleurs vives ; vous le connaissez tous : c'est un papillon. Ahmed, décrivez-le (L'élève fait la description : parties du corps, tête, ailes, pattes).

Si maintenant je vous disais que cette chenille qui rampe si lentement sur le sol et ce papillon qui vole vif et léger dans l'air, ne sont qu'un seul et même animal, vous seriez fort étonnés : c'est pourtant la vérité.

Rappelez-vous que nous avons élevé quelques vers à soie. Dites-moi ce que vous avez constaté. (Un élève raconte ce qu'il sait : œufs ou graine, petit ver nourri de feuilles de mûrier, mues à mesure que le ver se développe, cocon, éclosion des papillons, ponte.) Ce qui se passe pour le ver à soie se passe pour toutes les chenilles. Suivez ce papillon qui vole de fleur en fleur : vous le verrez s'arrêter sur une feuille, sur une branche, et il y déposera des œufs. Le soleil les fera éclore et une multitude de petits vers se nourriront et grossiront sur la plante qui les portera. Ces chenilles sont la désolation du jardinier, du cultivateur ; car elles dévorent les feuilles, les fruits qui lui ont coûté tant de peine et qu'il espérait récolter. Bientôt les chenilles sont assez grandes ; elles cessent de manger et on les croirait privées de vie. Elles ne font que sommeiller. Elles sont enveloppées les unes dans une coque, espèce de robe étroite, les autres, comme le ver du mûrier, dans un cocon qu'elles ont filé ; si vous y regardez de près, vous n'aurez pas de peine à reconnaître les parties du corps de tout papillon.

Bientôt l'insecte se réveille, perce son enveloppe, agite ses ailes humides et prend son vol : C'est le papillon que voilà. La plupart des insectes subissent dans la forme de leur corps des changements qui se rapprochent plus ou moins de ceux du papillon ; ils ne naissent pas tels que vous les voyez lorsqu'ils volent autour de vous. Toutes les chenilles — et il y en a beaucoup ! — se transforment de même : venues d'un œuf, elles deviennent des cocons et puis des insectes ailés.

Vous étiez loin de vous douter qu'un si petit et si chétif animal fût si curieux à étudier. Vous avez déjà été bien surpris des changements du têtard qui perd sa queue, pousse des pattes et devient une grenouille ; les transformations du papillon sont plus merveilleuses encore. Pour qui sait les observer, les moindres êtres sont un sujet d'admiration.

5° LEÇON MODÈLE

LES VASES COMMUNIQUANTS

Avant la classe, le maître réunit le matériel suivant : verre, tubes de verre et de caoutchouc, terrine d'eau, pomme d'arrosoir.

Le maître tient à la main un verre à moitié plein d'eau ; il fait remarquer que la surface supérieure du liquide est horizontale. Il incline le verre ; quand l'eau a cessé d'être agitée, on fait la même constatation. Il relie deux tubes de verre par un tube en caoutchouc, les tient en forme d'U, il verse de l'eau dans l'un ; il fait remarquer que l'eau monte dans l'autre au même *niveau*. Il varie l'expérience, soit en levant, soit en abaissant, soit en inclinant l'un des tubes de verre ; même résultat.

En s'appuyant sur ces faits, il conduit les élèves à formuler ce principe : *Lorsque plusieurs vases communiquent, le liquide qu'on verse dans l'un se répand dans tous, et s'élève partout au même niveau.*

Quand ce principe est établi, le maître apprend aux élèves que dans les villes, pour recueillir de l'eau, même aux étages supérieurs des maisons, il suffit d'ouvrir un robinet. Ce fait surprendra. On l'expliquera : grand réservoir à une certaine distance, sur une hauteur ; canalisation souterraine ; tuyaux de plomb qui aboutissent aux appartements. L'eau monte au niveau qu'elle atteint dans le réservoir.

Le maître reprend la première expérience, baisse assez l'une des extrémités du tube pour que l'eau s'écoule ; si le tube est effilé, elle jaillira. Il pourra aussi enfoncer par le gros bout une pomme d'arrosoir dans un seau : des filets d'eau s'élèveront dans l'intérieur. C'est le *jet d'eau* qui est dû à la poussée que reçoit le liquide pour s'élever au niveau qu'il occupe dans le vase le plus élevé.

On fera comprendre les puits artésiens par un dessin au tableau noir. L'eau des pluies s'accumule entre des couches de terrain imperméable qui forment cuvette. Dès qu'on perce une ouverture au fond d'une vallée, elle sort avec plus ou moins de force et souvent jaillit très haut. Paris possède deux puits de ce genre qui débitent chacun 2,500 litres à la minute.

Les puits artésiens rendent de grands services au Sahara. Le sous-sol contient une nappe d'eau qui vient probablement des pluies qui se sont infiltrées dans les Hauts-Plateaux. Les ingénieurs et les soldats français creusent des puits jusqu'à ce qu'ils aient atteint cette espèce de rivière souterraine. L'eau revient à la surface en abondance et permet d'arroser les alentours. Elle apporte avec elle l'humidité et la fraîcheur, et rend possible la culture du palmier, de l'oranger. C'est ainsi qu'ont été créées de nombreuses oasis dans le Sud. Par ce même moyen, des oasis ont pu être préservées de la destruction. Les vents du désert ensablaient les sources : on leur a rendu l'eau dont elles étaient privées. Des Ksouriens ont été préservés de la misère, grâce à l'intelligence et à l'activité de la France, qui a su gagner sur le Sahara un terrain inculte qu'elle a fertilisé.

V

TABLEAU RÉCAPITULATIF DES PROGRAMMES

COURS PRÉPARATOIRE	COURS ÉLÉMENTAIRE	COURS MOYEN
Noms. En montrant les objets ou des images appropriées, le maître apprendra aux élèves les mots qui les désignent. On combinera le nom avec le verbe avoir dans les formes : *j'ai, tu as, je n'ai pas, tu n'as pas, as-tu, n'as-tu pas?* *Verbes actifs.* L'élève exécutera quelques actions et les exprimera à la troisième personne du singulier du présent de l'indicatif. Le nom propre sera remplacé par un nom commun. La phrase aura un complément direct. *Adjectifs qualificatifs.* Emploi de *est.* Adjectifs les plus usuels appris par comparaison et joints au nom. Exercices sur les cinq sens : toucher, vue, ouïe, odorat, goût. Adjectifs démonstratifs *ce, cet, cette.*	*Vocabulaire.* Noms, adjectifs et verbes abstraits. Le *pluriel.* Mettre des noms au pluriel ; emploi de *les, de ces.* Faire entrer ces noms dans des phrases soit comme sujets, soit comme compléments. *Mes, tes, ses.* *Nous, vous, ils.* Conjugaison de verbes réguliers aux trois personnes du pluriel. Les faire conjuguer avec un complément. Le verbe *avoir* aux trois personnes du pluriel du présent de l'indicatif. Le verbe *être* aux mêmes personnes. Conjugaison de ces verbes dans la forme négative *ne... pas.* Conjugaison de ces mêmes verbes dans la forme interrogative.	Révision des exercices faits au cours préparatoire et au cours élémentaire. Interrogations sur le sens et l'emploi des mots qu'on étudie. Phrases construites sur un mot, sur des éléments donnés. Reproduction orale de petites phrases lues et expliquées, puis de récits racontés par le maître, enfin d'une lecture à haute voix. Récit par un élève de l'emploi de sa récréation, de sa matinée, de son après-midi, d'une journée de congé. Faire raconter le repas, les occupations de la famille, les incidents de la vie arabe ou kabyle. Conversation dialoguée entre élèves. Chercher quelques synonymes.

COURS PRÉPARATOIRE	COURS ÉLÉMENTAIRE	COURS MOYEN
Emploi de *je*, de *il*, de *elle*, de *tu*. *Conjugaison des trois personnes du singulier du présent de l'indicatif.* *Verbe avoir aux trois personnes du singulier du présent de l'indicatif.* *La forme interrogative :* oui, non. *Le qui interrogatif. — Le que interrogatif.* *Combien* dans les questions. *Le complément déterminatif.* *Adjectif employé comme épithète.* *Progression de la phrase.* *Négation ne pas.* *Mots dérivés :* noms dérivés de verbes, verbes dérivés de noms, noms dérivés de noms. *Les rapports des jours :* aujourd'hui, demain, hier, lendemain, veille. *Adjectifs possessifs :* emploi de mon, ton, son, ma, ta, sa. *Adverbes :* vite, lentement, fort doucement, bien, mal, plus, moins. *Prépositions :* en, sur, sous, dans. *Passé indéfini :* les trois personnes du singulier. *Futur simple :* les trois personnes du singulier. *Lire à haute voix des textes courts de*	*L'impératif :* forme affirmative, forme négative. Le *passé indéfini* aux trois personnes du pluriel : forme affirmative, forme négative, forme interrogative. Insister sur les verbes *avoir* et *être*. Le *futur simple* aux trois personnes du pluriel : forme affirmative, forme négative, forme interrogative. Transposer une phrase : 1° du singulier au pluriel ; 2° du présent au passé, au futur. Les préfixes : *in, de, re*. *Le mien, le tien, le sien. — Les miens, les tiens, les siens. — La mienne, la tienne, la sienne. — Les miennes, les tiennes, les siennes.* *Me, te,* compléments. *Nous, vous,* compléments. *Le, la, les,* pronoms. *Lui, leur,* pronoms. *Prépositions :* avec, sans, par, pour. *Pour :* apprendre des infinitifs et les employer dans la phrase avec la préposition *pour*. *En :* apprendre des participes présents et les employer dans la phrase avec la préposition *en*. *Adverbes :* loin, près, très, peu, beaucoup. — *Adverbes de manière :* ensei-	Changer les termes d'une phrase, sans changer l'idée exprimée. Trouver des contraires. Raconter en langage ordinaire une poésie qu'on sait par cœur. Exercices oraux de rédaction : descriptions, narrations, récits moraux, explication de sentences, proverbes. Préparation orale des devoirs écrits de rédaction.
5 à 8 phrases ; les faire répéter ; poser des interrogations pour s'assurer que les élèves les comprennent, pour faire exprimer des idées par des phrases différentes. Répéter ces textes jusqu'à ce qu'ils soient appris par cœur.	gner les plus usités, les rapprocher de l'adjectif correspondant. *Verbes.* Conjugaison au présent, au passé indéfini, au futur, de quelques verbes irréguliers très usités, formes affirmative, négative, interrogative : *dire, faire, vouloir, aller, s'en aller, venir, boire.* Le *passé indéfini* des verbes qui ont pour auxiliaire *être*. Les pronoms *y, en.* Phrases à deux propositions. *Qui,* commençant la proposition incidente ; *que,* commençant la proposition incidente. *Concordance des temps :* mettre au passé indéfini et au futur les phrases à deux propositions employées au présent. *Moi, toi, lui.* Phrases commençant par les expressions : *c'est moi, c'est toi, c'est lui.* *Quand,* dans les interrogations. *Quand, lorsque,* dans les phrases au futur ; *quand* avec l'imparfait de l'indicatif. Conjugaison de l'imparfait : insister particulièrement sur les verbes *avoir* et *être.* *Concordance des temps.* Mettre successivement au présent, au passé et au futur les phrases dans lesquelles entre *quand.* *Si,* exprimant la condition dans la phrase *au conditionnel.* Conjugaison du conditionnel. Insister plus particulièrement sur les verbes *avoir* et *être.*	

COURS PRÉPARATOIRE	COURS ÉLÉMENTAIRE	COURS MOYEN

1° EXERCICES DE LANGAGE (Suite)

	Transposer une phrase conditionnelle du futur au conditionnel et réciproquement. *Subjonctif présent.* Conjugaison des verbes au subjonctif présent en faisant toujours précéder la phrase des expressions : *il faut que, je veux que, j'ordonne que.* Insister sur les verbes *avoir* et *être*.	
	Reconnaître les noms, les adjectifs, les verbes. Noms masculins, noms féminins. Le singulier et le pluriel. La lettre *s*, marque du pluriel. Le féminin des adjectifs formé par la lettre *e* ; le pluriel formé par la lettre *s*. Accord de l'adjectif avec le nom. Reconnaître le sujet d'un verbe. Règle d'accord du verbe avec son sujet.	Notions très élémentaires de grammaire données oralement. Le nom, nom propre, nom commun, genre et nombre. L'adjectif, formation du féminin, du pluriel, accord de l'adjectif avec le nom. Le pronom ; les principaux pronoms, leur accord avec le nom. Le verbe, les trois personnes, les trois sortes de temps, les modes. Conjugaison des auxiliaires *avoir* et *être*. Conjugaison de verbes réguliers et de quelques verbes irréguliers les plus usuels. (Faire conjuguer des phrases complètes). Le sujet du verbe : règle d'accord. Les verbes transitifs et les verbes intransitifs. Le complément direct : manière de le reconnaître.

2° GRAMMAIRE, ORTHOGRAPHE, RÉDACTION ET RÉCITATION

		Le complément indirect : quelques prépositions employées dans la phrase. La proposition simple, ses éléments ; accord de l'attribut avec le sujet. Le participe passé : règle générale d'accord. Notions sur quelques familles de mots : dérivés et composés. Exercices oraux d'analyse grammaticale. Décomposition de la proposition en ses termes essentiels.
Dès que leur instruction le permettra, les élèves feront, d'après leur livret, la copie d'un texte qui aura été lu et expliqué en leçon de lecture.	Dictées : 1° de noms ; 2° d'adjectifs ; 3° noms au singulier précédés de *le, la, un, une, mon, ton, son, ce,* etc. ; 4° noms au pluriel avec l'article simple, indéfini, l'adjectif possessif, démonstratif ; 5° phrases formées d'un sujet et d'un verbe ; 6° phrases avec le verbe *être* et l'attributif ; 7° phrases à compléments. Copies : 1° de mots et de phrases courtes du livre de lecture ; 2° de textes écrits au tableau noir après les exercices de conversation, descriptions, récits, etc. ; 3° permutation de nombre, de genre, de temps. Conversations dialoguées. Description. Par des questions appropriées le maître fait décrire un objet, un animal que les élèves connaissent. La rédaction ne se compose que de cinq à huit phrases courtes. Récits sur images : le maître place une gravure sous les yeux des élèves ; il les questionne sur ce qu'ils voient.	Petits exercices grammaticaux de forme très variée. Dictées d'orthographe courtes, choisies, sans recherche de difficultés, dans des textes instructifs à la portée des élèves. Exercices écrits de rédaction : description, narration, récit, explication de proverbes, lettres usuelles.

	COURS PRÉPARATOIRE	COURS ÉLÉMENTAIRE	COURS MOYEN
2° GRAMMAIRE, ETC. (Suite)		Étude et récitation des textes dont la liste est indiquée plus haut.	Récitation de fables, de poésies, de quelques morceaux de prose d'un genre très simple qui ont été précédemment expliqués.
3° MORALE		Par des historiettes prises autant que possible dans la vie scolaire, on corrigera les défauts des élèves. On s'efforcera de toucher leur cœur par des récits, des allégories, des paraboles et des proverbes. SUJETS La propreté, la malpropreté. L'ordre, le désordre. L'économie. La franchise, le mensonge. La probité, le vol. Le travail, la paresse. L'étude. L'obéissance aux parents. La reconnaissance. L'obéissance à l'école. Respect des vieillards. Bonté envers les animaux. La patience, la colère, la brutalité. L'amour fraternel. La haine. La complaisance. La charité.	DEVOIRS ENVERS SOI-MÊME Propreté. — Ordre. — Travail : obligation du travail ; importance, dignité du travail manuel. Persévérance. — Prévoyance. — Sobriété et tempérance. — Économie : les caisses d'épargne. Franchise et mensonge. — Modestie et orgueil. — Patience et colère. — Courage et poltronnerie. — Instruction et ignorance : la lecture. DEVOIRS DANS LA FAMILLE Obéissance, respect, amour, reconnaissance envers les parents. Les frères et les sœurs : amitié fraternelle. Rôle de l'homme et de la femme. Les serviteurs. — Les animaux domestiques. Respect des oiseaux utiles et de leurs nids. DEVOIRS DANS L'ÉCOLE L'instituteur « second père ». Nécessité du travail et de la discipline à l'école. La bonne camaraderie. DEVOIRS ENVERS LES AUTRES HOMMES Douceur et brutalité ; défendre les faibles. Probité et vol. — Bonne foi. — La réputation. La calomnie, le faux témoignage. Les croyances : la tolérance, le fanatisme. L'aumône et l'avarice. — La bienveillance. — La bienfaisance. — Le dévouement. — La justice et la charité. PERFECTIONNEMENT MORAL Différence entre le devoir et l'intérêt. La conscience : le remords, le repentir. La vie future. — Dieu. Les préjugés, redresser les croyances grossières. Les bonnes et les mauvaises habitudes. L'examen de conscience quotidien. DEVOIRS ENVERS LA FRANCE Protection que la France accorde à l'Algérie. Soumission, reconnaissance. Nécessité de l'impôt : la fraude.

COURS PRÉPARATOIRE	COURS ÉLÉMENTAIRE	COURS MOYEN
	Charlemagne : écoles.	**1° HISTOIRE**
	Saint-Louis : justice.	La vie du sauvage et la vie de l'homme civilisé.
	Eustache de St-Pierre : dévouement.	Le bassin de la Méditerranée, marche de la civilisation de l'est à l'ouest.
	Duguesclin : bonne foi, respect de la parole donnée.	La Berbérie : Carthage et Annibal ; conquête romaine, son influence.
	Jacques Cœur : activité commerciale.	La Gaule : Vercingétorix et César ; la civilisation romaine en Gaule.
	Guttemberg : découverte de l'imprimerie.	Jésus : sa religion, propagation du christianisme à Rome, en Berbérie, en Gaule.
	Bayard : courage et loyauté.	
	Bernard Palissy : persévérance.	Origine de la nation française.
	Michel de l'Hôpital : probité, tolérance.	Les Arabes : Mahomet et sa religion.
	Henri IV et Sully : agriculture, industrie.	Conquête de la Berbérie et de l'Espagne.
	Richelieu : grand ministre.	Charles Martel : la bataille de Poitiers.
	Porçon de la Barbinais : respect de la parole donnée.	Les khalifats : civilisation arabe, décadence.
	Colbert : sage administration.	Charlemagne : ses conquêtes, sa puissance, démembrement de son empire.
	Turenne : bonté et bravoure.	Les Normands et la Conquête de l'Angleterre.
	Saint-Vincent de Paul : charité.	
	Jean-Bart : courage.	La féodalité : le roi, les seigneurs, les serfs. L'Église : les croyances et l'art chrétien au 12ᵉ siècle.
	Le chevalier d'Assas : dévouement.	
	L'Abbé de l'Épée : éducation des sourds-muets.	La Chevalerie : les croisades.
	Parmentier : progrès de l'alimentation	La bourgeoisie et les communes sous Louis VI.
	La Tour d'Auvergne : dévouement.	
	Hoche : général de la République.	
	Napoléon : génie militaire.	Saint-Louis : ses expéditions en Égypte et à Tunis ; son administration.
	Daumesnil : honnêteté, honneur.	Philippe le Bel : sa lutte contre la papauté, légistes et États Généraux. Le Parlement.
		La guerre de Cent ans : Duguesclin et Jeanne d'Arc.
		La révolte des serfs et la tentative de révolution d'Étienne Marcel.
		Les Turcs : prise de Constantinople. Conquête de l'Algérie ; la piraterie.
		Les inventions au moyen âge : poudre, linge, papier, imprimerie.
		Les créations administratives : armées permanentes, impôts, postes.
		Les découvertes maritimes : Christophe Colomb ; Vasco de Gama. Le commerce ; la traite des noirs.
		Le triomphe de la royauté sur la féodalité.
		Louis XI et Charles le Téméraire.
		Les guerres d'Italie : François 1ᵉʳ et Bayard.
		La Renaissance : les lettres et les arts.
		La Réforme : les guerres de religion ; la Saint-Barthélemy.
		Henri IV et Sully : industrie et agriculture.
		Richelieu : établissement du pouvoir absolu.
		Louis XIV : ses guerres. Ministres, généraux, amiraux.

INSTRUCTION CIVIQUE

4° HISTOIRE ET

CIVIQUE (Suite)

Expédition du Nord de l'Afrique : Porçon de la Barbinais.

Éclat des lettres, des sciences et des arts.

La cour de Versailles.

Les colonies françaises du 18e siècle : part de la France dans la guerre d'indépendance des États-Unis.

Progrès des idées modernes : Voltaire, Rousseau.

La Révolution française : ses causes, son caractère.

La République : souveraineté nationale, liberté, égalité, fraternité. La prise de la Bastille. La Nuit du 4 août. La Fédération.

Le drapeau français : Valmy. Les généraux de la Révolution : leurs victoires.

Napoléon : expédition en Égypte.

L'empire français. Guerres européennes : Marengo, Austerlitz, Iéna, Friedland, Wagram, la Moskowa, Leipzig, Warterloo.

La royauté restaurée : monarchie constitutionnelle; influence de la Révolution sur l'Europe.

La Révolution de 1830.

L'Algérie sous la domination turque : conquête et colonisation par la France.

4° HISTOIRE ET INSTRUCTION

La République de 1848 : suppression de l'esclavage, proclamation du suffrage universel.

Le second empire.

La troisième République : conquête de la Tunisie et du Tonkin.

L'instruction et le bien-être au 19e siècle : progrès des sciences, de l'industrie et des lettres; la vapeur et l'électricité.

Le centenaire de la Révolution et l'Exposition universelle.

2° INSTRUCTION CIVIQUE

La République française; la devise républicaine : liberté, égalité, fraternité.

Différence entre un citoyen et un sujet : naturalisation, ses avantages.

Les charges du citoyen : obligation scolaire, service militaire, impôt. Impôts arabes.

La loi : la Chambre des députés, le Sénat.

L'exécution de la loi : le Président de la République, les Ministres.

L'Algérie : le Gouvernement général, le Conseil supérieur de la colonie.

Le département : le Préfet, le Conseil général.

Les trois catégories de communes algériennes : communes de plein exercice, communes mixtes, communes indigènes.

Commune de plein exercice : le Maire, le Conseil municipal.

1º HISTOIRE ET INSTRUCTION CIVIQUE (Suite)

COURS PRÉPARATOIRE	COURS ÉLÉMENTAIRE	COURS MOYEN
		Commune mixte: l'administrateur, la djemmaâ. Commune indigène: autorité militaire. La justice: chekaïa, cadi et juge de paix, tribunal, cour d'assises. Organisation de l'instruction publique: enseignement supérieur, secondaire et primaire en France et en Algérie. État civil: nom familial. La propriété: partage des biens.
LA CLASSE, L'ORIENTATION Lever du soleil, les quatre points cardinaux: Est, Ouest, Nord, Sud. **LES TERRES** Montagne, djebel, mont, col; colline, coudiat. L'Atlas. Vallée, plaine, plateau; les Hauts-Plateaux algériens. Rochers, kef, terre végétale. **LES EAUX DOUCES** Nuages, pluie, source, aïn.	**LA FRANCE** 1º LIMITES, CONFIGURATION, ÉTENDUE Révision des termes géographiques: océan, mer, détroit, golfe. Limite de la France; forme (six côtés). L'Océan Atlantique, la Manche, la mer du Nord, la mer Méditerranée. Longueur du Nord au Sud (environ 1,000 kilomètres). Largeur de l'Est à l'Ouest (près de 900 kilomètres). 2º RELIEF DU SOL Révision des termes géographiques:	Reprendre, en le développant, le programme du cours élémentaire. Les grandes nations de l'Europe. Les cinq parties du monde. Les grandes mers du globe. Les colonies françaises.

— 158 —

3º GÉOGRAPHIE

COURS PRÉPARATOIRE	COURS ÉLÉMENTAIRE	COURS MOYEN
Ruisseau, rivière, fleuve, oued; embouchure. L'oued Chelif. Rive droite, gauche; cascade; affluent. Lac, marais, chott. Forêts, prairies, terres cultivées; barrages, canaux, séguias. **LES EAUX SALÉES** Mer, vagues. Côtes, plages. Mer Méditerranée. Golfe, caps; îles, presqu'îles; détroits. Ports, navires, phare. Barques, pêche. **LE DÉSERT** Sahara, dunes de sable, simoun. Oasis et puits; palmiers et dattes. Le chameau et les caravanes. **L'ŒUVRE DE L'HOMME** Village, douar, bordj. La commune. Ville; Alger, Oran, Constantine. Routes, ponts, kantara; chemins de fer, tunnel, viaduc. Ville voisine; le département, son chef-lieu. **L'ALGÉRIE** Tell, plateaux, Sahara.	montagne, pied de la montagne, flanc de la montagne, chaîne de montagnes, cime, crête, coteau, colline, plateau, vallée. Les montagnes de la France: Les Alpes (le Mont Blanc 4,810ᵐ), les Pyrénées, le Massif Central, les Cévennes, le Jura, les Vosges. 3º EAUX Révision des termes géographiques: fleuve, rivière, ruisseau, torrent, affluent, confluent, embouchure. Rive droite, rive gauche, gué, pont, fleuve navigable. Les grands fleuves de la France: la Seine, la Loire, la Garonne, le Rhône. Parcours des fleuves: la Seine 775 kilomètres, la Loire 1,100 kil., la Garonne 650 kil., le Rhône 810 kil. Ces fleuves sont tous navigables. S'attacher à faire comprendre la largeur du lit, la profondeur de l'eau, faire remarquer que ces fleuves coulent toujours abondamment. 4º POPULATION. — GRANDES VILLES Population de la France. Paris (2,500,000 habitants). Les villes de France qui ont plus de 100,000 habitants: Lyon, Marseille, Bordeaux, Lille, Toulouse, Nantes, Saint-Étienne, Rouen, Le Havre.	

— 159 —

COURS PRÉPARATOIRE	COURS ÉLÉMENTAIRE	COURS MOYEN
Sédentaires et nomades ; Kabyles et Arabes. Plantes cultivées : blé, olivier, oranger, vigne, chêne-liège. Plantes sauvages : alfa, diss, palmier-nain. Animaux domestiques : mouton, mulet, âne, cheval, bœuf. Animaux sauvages : lion, panthère, singe, chacal, hyène. LA FRANCE Sa richesse. Sa puissance : armée, canons, navires. Paris, capitale. Marseille, ses rapports avec l'Algérie.	5° ORGANISATION POLITIQUE Paris, capitale de la France et siège du gouvernement. Division de la France en 86 départements. Chaque chef-lieu est le siège d'une préfecture. Quelques départements de la France : le département de la Seine, chef-lieu Paris ; le département du Rhône, chef-lieu Lyon ; le département du Nord, chef-lieu Lille ; le département des Bouches-du-Rhône, chef-lieu Marseille. 6° PRODUCTIONS NATURELLES. — AGRICULTURE Céréales, arbres fruitiers, prairies, forêts, blé, orge, avoine, pommes de terre, lin, chanvre, etc. Vignes, oliviers, etc. Animaux domestiques, animaux sauvages. 7° INDUSTRIE La houille (faire au préalable une leçon de choses sur ce sujet), le fer, les toiles (Lille et Rouen), les scieries (Saint-Étienne, Lyon), le papier (Angoulême), les armes (Saint-Étienne), le sucre, le savon, l'huile, la bougie (Marseille). 8° COMMERCE Les villes les plus commerçantes : Paris, Lyon, Marseille, Le Havre. Les ports de commerce : Le Havre, Rouen, Bordeaux, Marseille. Relations avec l'Algérie et la Tunisie. 9° VOIES DE COMMUNICATION Révision des termes : chemins, routes, grandes routes, canaux, chemins de fer. La ligne de Marseille à Paris. Nombreuses villes qu'elle traverse (insister sur le nombre de villes et de villages que le voyageur rencontre en France sur un parcours restreint). Nombreuses lignes de chemin de fer. 10° FORCE MILITAIRE Armée de terre : infanterie, cavalerie, artillerie, génie. En cas de guerre un nombre de soldats égal à la population de l'Algérie. Armée de mer : flotte, cuirassés, matelots, artillerie. Ports de guerre : Cherbourg, Brest, Lorient, Rochefort, Toulon. Toutes ces leçons devront être faites sans longs développements et dans la forme la plus simple possible. L'ALGÉRIE 1° POSITION DE L'ALGÉRIE La Méditerrannée. Pays voisins : la Tunisie, le Maroc.	

5°

41

COURS PRÉPARATOIRE	COURS ÉLÉMENTAIRE	COURS MOYEN
5° Géographie (Suite)	2° Relief du sol L'Atlas, le Djurdjura et les montagnes les plus connues. 3° Eaux Les Oueds. Le Chélif. Pas de cours d'eau navigables. Les Chotts. 4° Divisions naturelles Le Tell. Hauts-Plateaux. Sahara. Oasis. 5° Population et villes principales Population totale : Français, Européens, Arabes et Kabyles. Sédentaires et nomades. Alger, Médéah, Laghouat, Philippeville, Constantine, Biskra, Oran, Tlemcen, Aïn-Sefra. 6° Productions Céréales : orge, blé, maïs, etc. Arbres fruitiers : oliviers, amandiers, figuiers, dattiers, caroubiers, etc. Arbres forestiers : pins, chênes, frênes, etc. Animaux domestiques. Animaux sauvages. 7° Géographie administrative L'Algérie fait partie de la France. Gouverneur général à Alger. Trois départements. Un préfet à la tête de chaque département. Territoire civil. Territoire militaire. 8° Voies de communication Chemins, routes, sentiers, routes carrossables, chemins de fer. Chemin de fer d'Alger à Oran, d'Alger à Constantine, de Constantine à Tunis, de Philippeville à Biskra par Constantine, d'Oran à Aïn-Sefra.	
6° Calcul et système métrique *Exercices oraux. Les élèves apprennent en même temps à compter, à additionner, à soustraire.* *De un à cinq :* noms des nombres, addition et soustraction de l'unité. *De cinq à dix :* noms des nombres, addition et soustraction de l'unité. *Écriture des nombres.* Tracé des chiffres 1, 2, 3, 4, 5. Tracé des chiffres 6, 7, 8, 9. *Le mètre :* mesurer les longueurs en prenant le mètre comme unité. Le mètre vaut dix décimètres, mesurer des longueurs en prenant le décimètre comme unité. *De un à dix :* compter en montant, compter en descendant. A partir de zéro ajouter successivement deux unités jusqu'à dix. Même exercice en partant de un.	Pendant tout le premier mois, révision du programme du cours préparatoire. Lecture de l'heure sur une pendule ou sur une montre. Étude de la table de multiplication par 6, 7, 8, 9, 10. Numération et écriture de 100 à 200. — Exercices oraux et écrits sur les nombres de 1 à 200 (addition, soustraction). Numération et écriture des nombres de 200 à 500. Exercices oraux et écrits d'addition et de soustraction. Même exercice sur les nombres de 500 à 1,000. La division appliquée intuitivement aux 100 premiers nombres (Exercices sur les autres opérations).	Révision du cours précédent. *Division :* 1° par un nombre de deux chiffres ; 2° par un nombre quelconque. Problèmes d'application sur les quatre opérations. *Les nombres décimaux.* — Écriture et lecture. Rendre un nombre décimal 10, 100... fois plus grand ou plus petit. Les quatre opérations sur les nombres décimaux : problèmes d'application. *Règle de trois simple.* — Intérêt, taux de l'intérêt, calcul de l'intérêt : 1° pour un an ; 2° pour un certain nombre d'années. Le tant pour 100 : calcul d'une commission, d'une remise.

MÉTRIQUE (Suite)

COURS PRÉPARATOIRE	COURS ÉLÉMENTAIRE	COURS MOYEN
Compter de deux en deux en descendant : 1° en partant de dix ; 2° en partant de neuf. Compter de trois en trois, de quatre en quatre.	Multiplication : le multiplicande a deux chiffres et le multiplicateur n'en a qu'un. Problèmes d'application.	*Idée générale des fractions.* — Réduire au même dénominateur deux fractions dont le dénominateur n'a qu'un chiffre ; additionner, soustraire ces mêmes fractions.
Les différents moyens de décomposer en deux parties égales un nombre inférieur à dix, en se servant d'abord de noyaux, puis de points tracés sur l'ardoise.	Division : Un nombre de deux chiffres par un nombre d'un seul chiffre : 1° Le quotient n'a qu'un chiffre ; 2° le quotient a deux chiffres. Problèmes d'application.	Prendre une fraction d'un nombre. *Caractères de divisibilité* par 2. par 5, par 3, par 10.
Les nombres pairs de 0 à 10.	Petits problèmes sur l'addition et la soustraction combinées.	Simplifier : 1° des fractions ; 2° des expressions.
Le double et la moitié d'un nombre ; le triple et le tiers ; le quadruple et le quart.	Exercices sur la multiplication et sur la division.	Application à des problèmes usuels, aux exercices de calcul mental, qui seront toujours continués simultanément avec le calcul écrit.
Petits problèmes oraux d'addition et de soustraction sur les nombres inférieurs à dix, faits d'abord au moyen de bûchettes ou de noyaux, puis résolus mentalement, puis par écrit.	Petits problèmes sur l'addition et la multiplication combinées.	
De dix à quinze : noms des nombres, addition et soustraction de l'unité.	Petits problèmes sur la soustraction et la multiplication combinées.	
De quinze à vingt : noms des nombres, addition et soustraction de l'unité.	Petits problèmes sur les trois premières opérations combinées.	
De dix à vingt : décomposer les nombres en dizaines et unités.	Nombres de 1,000 à 10,000.	
De un à vingt : compter en montant, compter en descendant.	Multiplication : Le multiplicande a trois chiffres et le multiplicateur n'en a qu'un.	
De dix à vingt : compter les nombres de deux en deux en montant et en descendant.	Idée du million.	
	Division : 1° un nombre de trois chiffres par les nombres 2, 3, sans retenue ; 2° même division avec retenue ; 3° même division par un nombre d'un seul chiffre.	
	Prendre la moitié, le tiers, le quart des nombres inférieurs à 100 et divisibles par 2, par 3, par 4.	

1° CALCUL ET SYSTÈME

COURS PRÉPARATOIRE	COURS ÉLÉMENTAIRE	COURS MOYEN
Compter de même de neuf à dix-neuf.	Rendre un nombre dix fois plus grand ; rendre 10 fois plus petit un nombre terminé par un zéro.	
Les nombres pairs de dix à vingt.		
Écriture des nombres compris entre dix et vingt.	Multiplication : Le multiplicateur a deux chiffres et le multiplicande en a trois.	
Les signes + (plus) et — (moins).		
Problèmes oraux, puis écrits, d'addition et de soustraction sur des nombres compris entre dix et vingt.	Nombres décimaux : Écriture des nombres décimaux en prenant pour unité : 1° le mètre ; 2° le franc ; 3° le litre ; 4° le kilogramme.	
Le litre : mesurer du sable, de l'eau, au moyen du litre.		
Le litre vaut dix décilitres : constater le fait par une expérience.	Addition et soustraction de nombres décimaux concrets.	
Petits problèmes d'addition et de soustraction de deux nombres dans les limites de zéro à dix, de dix à vingt sur les capacités.	Division par 10 d'un nombre entier représentant des mètres, des litres, des francs, des kilogrammes.	
Le franc : les pièces de 1, 2, 5, 10, 20 francs.	Problèmes oraux et écrits sur les quatre opérations.	
Le sou : les pièces de 1, 2 sous ; 20 sous valent un franc.		
Problèmes oraux et écrits sur le franc, le sou avec des nombres inférieurs à vingt.	*Mètre:* Sous-multiples : décimètre et centimètre ; évaluation de longueurs, de lignes soit en mesurant, soit à l'œil.	Système légal des poids et mesures étudié au point de vue pratique.
De vingt à trente : compter, additionner, soustraire ; faire tous les exercices indiqués de un à dix, de dix à vingt.	Multiples du mètre (décamètre, hectomètre, kilomètre).	Représentation au tableau noir des figures planes : carré, rectangle, parallélogramme, trapèze, triangle, cercle.
Écrire ces nombres. Problèmes usuels.	Mesurer un décamètre dans la cour ; indiquer la distance entre deux points du village, la distance du village voisin.	Calcul de la surface du carré, du rectangle, du triangle. Superficie du tableau noir, de la salle de classe, de la cour, d'un champ, etc.
De trente à quarante : comme précédemment.	*Le litre :* usages, forme. — Le double litre et le demi-litre.	Faire distinguer, en les montrant, le cube, le prisme, la pyramide, le cylindre, le cône, la sphère.
De quarante à cinquante : comme précédemment.	Multiples. Décalitre, hectolitre, double décalitre, demi-décalitre, demi-hectolitre.	Calcul du volume d'un corps par le produit des trois dimensions : cubage d'une brique, d'un mur, capacité d'une boîte, de la salle de classe, etc.
De cinquante à cent : comme précédemment.	*Le gramme :* usages.	
	Multiples. Décagramme, hectogramme, kilogramme.	

6º CALCUL ET SYSTÈME MÉTRIQUE (Suite)

Addition. A un nombre de un ou deux chiffres, ajouter un nombre de un chiffre qui fasse varier le chiffre des dizaines : 8 + 3 ; 18 + 3..... exercice intuitif, puis mental, puis écrit. Problèmes d'application.

Soustraction. D'un nombre de deux chiffres retrancher une quantité plus grande que la valeur des unités : 15-7 ; 25-7....; cet exercice est intuitif, puis mental, puis écrit. Problèmes d'application.

Multiplication. Compter de deux en deux unités ; établir la table de multiplication par 2 ; l'apprendre par cœur, compter de trois en trois unités ; établir la table de multiplication par 3 ; l'apprendre par cœur. Problèmes d'application.

Division. Poser les problèmes inverses des précédents, et faire servir la table de multiplication par 2 et 3 à la division par les mêmes nombres.

Le gramme : poids de 1, 2, 5, 10, 20, 50, 100 grammes. Combiner ces poids pour composer des nombres inférieurs à 100 grammes.

La balance : faire des pesées de quantités moindres que 100 grammes.

A propos de pesées, petits problèmes oraux, puis écrits, d'addition, de sous-traction, de multiplication et de division.

Addition. Deux nombres de deux chiffres : 1º ne donnant pas lieu à la retenue ; 2º cas de la retenue. Problèmes écrits.

Soustraction. Nombres de deux chiffres : 1º ne donnant pas lieu à la retenue ; 2º cas de la retenue. Problèmes écrits.

Multiplication. Établir la table de multiplication par 4, par 5 comme on a procédé par 2 et 3 ; l'apprendre par cœur. Problèmes oraux.

Les signes ✕ (multiplié par) : (divisé par).

Applications aux échanges, achats, ventes, journées de travail, économie, mesurages, pesages, etc.

Les poids usités du gramme au kilogramme.

Le franc : usages, nature, forme ; les pièces d'argent de 0,50, 1, 2 et 5 francs ; les pièces de 0.05 et de 0,10.

Combien les différentes pièces d'argent valent de pièces de bronze. — Convertir un nombre de sous en centimes et réciproquement.

Les pièces d'or de 10 francs et de 20 francs.

Combien les pièces de 10 francs et de 20 francs valent de pièces d'argent.

Manière de rendre la monnaie.

7º SCIENCES USUELLES

(COURS MOYEN)

TRANSFORMATION DE LA MATIÈRE PREMIÈRE

Le blé, la farine, le couscous, le pain.

Le lait, le beurre et le fromage.

La vigne, le raisin, le vin.

L'olivier, l'huile, le savon.

Le sel, mines de sel, marais salants.

Le sucre, canne et betterave.

Le mouton, la chèvre, le chameau, la laine (filage et tissage), cordes, tellis, tentes, draps, tapis).

Les chiffons, le papier, le livre (imprimerie).

Peau et tan : cuir.

COURS PRÉPARATOIRE	COURS ÉLÉMENTAIRE	COURS MOYEN
		Construction : la chaux et le plâtre : mortier.
		Ameublement : le bois, bois ordinaire, bois précieux.
		L'argile : poteries grossières, poteries fines.
		Le fer : extraction, préparation, outils et machines.
		Le chauffage : bois, charbon de bois, houille.
		L'éclairage : suif et bougie, pétrole, gaz, électricité.
		L'HOMME
		La digestion, les aliments, soins à donner en cas d'empoisonnement.
		La circulation du sang : hémorrhagies, manière de les arrêter.
		La respiration : aération des appartements, asphyxie par la vapeur du charbon, premiers soins à donner aux noyés.
		Le squelette et les muscles : transport des blessés, pansement des blessures.
		La chaleur du corps : peau et sueur. — La propreté : ablutions, bains.
		Le cerveau : effets de l'alcool, du tabac, du kif.
		LES ANIMAUX
		Mammifères domestiques et sauvages. Alimentation et hygiène des animaux de la ferme.
		Oiseaux : services qu'ils rendent à l'agriculture.
		Oiseaux de basse-cour : soins à leur donner.
		Serpents, vipères, scorpions : soins en cas de morsure.
		Grenouilles et crapauds : leurs transformations.
		Poissons d'eau douce, de mer; les grandes pêches, conserves.
		Insectes : métamorphoses du papillon.
		Les insectes utiles et les insectes nuisibles : les criquets.
		Les abeilles : ruche, miel et cire.
		Animaux marins qui fournissent la nacre et le corail.
		Microbes : maladies contagieuses. La vaccination contre la petite vérole et la rage. Précautions à prendre en cas d'épidémie.
		LES VÉGÉTAUX
		La plante : racines, tiges, feuilles.
		La fleur et le fruit.
		La germination : ses conditions, choix des graines.
		Instruments d'agriculture : la charrue et les labours.
		La culture des céréales : blé, orge, avoine, bechna.
		Instruments de jardinage : binage et sarclage.

(Suite)

7° SCIENCES USUELLES

COURS PRÉPARATOIRE	COURS ÉLÉMENTAIRE	COURS MOYEN

7° Sciences usuelles (Suite)

(Cours Moyen)

Culture des légumes : arrosages ; fèves, haricots, pois, choux, navets, salades, pommes de terre.

Les principaux arbres fruitiers : bouture, greffe.

LES TERRES

Action des fleuves et des rivières sur le sol. Action de la mer sur les rives.

Les terrains déposés par les eaux : les fossiles, la houille.

Volcans et tremblements de terre.

PHÉNOMÈNES PHYSIQUES

Les vases communiquants : puits artésiens du Sahara.

La poussée des corps plongés dans l'eau : navires, ballons.

Le poids de l'air : pression atmosphérique. les pompes.

La chaleur et les trois états des corps : thermomètre.

Nuage. pluie. neige. grêle.

Les vents : sirocco.

La force de la vapeur : les locomotives des chemins de fer et les machines de l'industrie.

La boussole et l'étoile polaire.

L'électricité et la foudre : éclairs et tonnerres, télégraphe.

L'air : sa composition.

L'eau : sa composition.

La combustion : chauffage et éclairage.

8° Dessin

COURS PRÉPARATOIRE

Lignes droites. — Carré, tableau noir, domino.

Obliques parallèles.

Divisions de la ligne.

Construction du carré, divisions du carré, carrés intérieurs.

Rectangle : règle plate, décimètre.

Carrelage, parquet, barrière, mur, table. chaise, banc.

Échelle droite, échelle oblique.

Diagonale du rectangle. — Triangle, équerre, équerre du dessinateur.

Rosace rectiligne : ornements géométriques rectilignes.

Maillet, rabot, damier, maison, couteau.

Litre en bois, en fer-blanc.

Encrier, cafetière en fer-blanc, bidon, arrosoir.

Lignes courbes. — Raccordements de droites et de courbes.

Seau en fer-blanc, serrure, cadenas.

Hache, faux, faucille, serpe de jardinier, pelle, pioche.

COURS ÉLÉMENTAIRE

Lignes droites, verticales. horizontales. Applications, combinaisons, grecques, lettres capitales I L F E. etc. Obliques à 45° parallèles. Applications : dents de scie, grecques, capitales inclinées.

Carré. Tracé du carré, des diagonales. Carrelages, combinaisons de carrés.

Division de la droite en deux parties égales.

Rectangle. — Tracé du rectangle, des diagonales. Division du rectangle dans le sens de la longueur. Division dans le sens de la largeur. Division du carré, du rectangle. Parquets.

Division de la droite en 2. 4 parties égales.

Losange. — Tracé du losange. Losange inscrit dans le rectangle. Combinaisons de losanges formant des ornements.

Division de la droite en trois parties égales.

Triangle. — Tracé du triangle isocèle. Triangle rectangle.

COURS MOYEN

DESSIN A MAIN LEVÉE

Représentation perspective au trait de corps mis sous les yeux des élèves : 1° solides géométriques, cube. prisme. pyramide, cylindre, cône. — 2° objets usuels : marteau, maillet, boite, terrine, vase, médal, pain de sucre, coffre arabe, étagère, etc.

Le modèle est accroché au mur ou posé sur une table : dans le dernier cas les élèves sont placés autour en cercle ou en demi-cercle.

Représentation géométrale au crayon à main levée plan et élévation de corps à forme très simple mis sous les yeux des élèves : 1° solides géométriques, cube, prisme. pyramide, cylindre, cône : 2° objets en bois exécutés en travail manuel. planchettes diversement profilées, assemblages élémentaires : 3° objets usuels : boite, banc, marteau, maillet. etc.

Ornement : Dessins géométriques : arabesques. palmettes : courbes empruntées au règne végétal : feuilles, fleurs, fruits. Continuation des exercices faits au cours élémentaire.

COURS PRÉPARATOIRE	COURS ÉLÉMENTAIRE	COURS MOYEN
8° DESSIN (Suite) Clef, chapeau kabyle. Cuiller, fourchette, cuiller à pot. Gourde, gargoulette, cruche arabe, marmite. Scie, scie à main, tenaille, ciseaux, truelle, compas. Montre, fer à cheval, clou. Bouteille, verre, carafe. Borne, fontaine. Toupie, œuf. Poids en cuivre, pipe. Établi de menuisier, maison d'école.	Division de la droite en 3, 6 parties égales. *Angles :* les trois sortes d'angles. — Reproduction d'angles de grandeurs différentes. Ornements d'étoffes formés d'angles à côtés parallèles. *Figures concentriques :* carrés, rectangles, losanges, triangles concentriques. Ornements géométriques blancs sur fond noir. Division de la droite en 3, 6, 9 parties égales. *Application* des principes qui précèdent au dessin d'objets plans ou d'un faible relief n'offrant que des lignes droites : porte, fenêtre, mur de la classe avec ses cartes et tableaux. *Le quart de cercle*, l'inscrire dans un carré. *Le demi-cercle*, l'inscrire dans un rectangle. *Combinaisons de courbes* entre elles et avec des droites, découpages de bois, capitales O U C J R P, etc., alphabet romain minuscule à 1 centimètre de hauteur, croissant, flèche, arc, polygones curvilignes, carrés, rectangles, etc. *Représentation d'objets* ayant peu de saillie et présentant des contours courbes ; les peindre à l'école, à la maison.	DESSIN GÉOMÉTRIQUE Emploi au tableau noir des instruments servant au tracé des lignes droites et des circonférences : règle, compas, équerre, rapporteur.
	à l'atelier : clef, couteau, pendule, etc. Ornement. — Rayures figurées par des lignes de grosseur et de distances différentes : 1° n'ayant qu'une seule direction ; 2° s'entrecroisant ; 3° combinées avec des bâtonnets. *Reproduction des entrelacements* exécutés en travail manuel. *Dessin de lettres* et d'encadrements formés de bandelettes de papier pliées. *Feuilles végétales* de formes caractéristiques : acacia, liseron, lierre, lilas, ronce, figuier, eucalyptus, cactus (feuille et fruit), etc. *Palmes et autres ornements* de genre simple empruntés à des foulards communs, des tapis arabes, des objets de fabrication kabyle.	
9° TRAVAUX MANUELS		1° TRAVAUX AGRICOLES Reprendre en les appliquant au champ d'expériences les leçons déjà faites sur l'agriculture. Emploi des instruments d'agriculture, charrue, bèche, faux, etc. Démonstrations pratiques. Fumier : préparation, emploi. Ensemencement, sarclage, récolte des principales céréales : blé, orge, avoine, bechna. Emploi des instruments de jardinage : houe, bèche, râteau, greffoir, sécateur, etc. Culture des légumes : fèves, haricots, pois, lentilles, choux, navets, carottes, salades. Arrosages.

COURS PRÉPARATOIRE	COURS ÉLÉMENTAIRE	COURS MOYEN

COURS MOYEN column top:

Pomme de terre.

Principaux arbres fruitiers : amandier, cognassier, poirier, pommier, abricotier, cerisier, prunier, olivier, oranger, mandarinier, vigne, dattier, etc.

Bouture, greffe.

TRAVAUX D'ATELIER

Cartonnage. — Découper un triangle, un carré, un rectangle, un polygone étoilé.

Assembler : un cube, un prisme à base carrée ou rectangulaire ; une pyramide à base triangulaire ou carrée ; un cylindre.

Fabriquer une boîte rectangulaire, cylindrique.

Vannerie. — Continuation des exercices faits au cours élémentaire. Confection de paillassons.

Fil de fer. — Carrés ; rectangles ; torsades ; ressorts à boudin ; support triangulaire, grillage carré ou rond ; corbeille, nid d'oiseau ; crochets, chaînes, agrafes ; support d'abat-jour.

(On fera habiller de jonc, de diss ou de palmier les objets qui comportent un recouvrement.)

Travail du bois à la scie. — Sciage en divers sens. Tracer sur une planche les pièces à débiter (équerre, crayon et mètre). Débiter à la scie. Assembler les pièces en les clouant.

Objets à fabriquer : caisse, banc, meïda octogonale, cadre, étagère, porte-pipes, porte-cannes, coffre, etc.

Traits de scie à mi-bois : (le bédane) ; dessins plan sur plan : grecques, entrelacs, entailles de formes diverses.

Travail du bois au rabot et au ciseau. — Dégauchir une pièce ; mettre les faces d'équerre. Assemblages simples ; entures à mi-bois, tenon et mortaise.

9° TRAVAUX MANUELS *(Suite)*

CONSTRUCTIONS ET COMBINAISONS

L'élève est muni de bâtonnets de 5 centimètres et 2 centimètres et demi. Il les combine de façon à former : 1° des figures géométriques, carré, rectangle, triangle, parallélogramme, trapèze, polygones, polygones étoilés ; 2° des objets usuels, banc, table, chaise, échelle, barrière, balcon, maison.

ASSEMBLAGE DE LATTES

L'élève est muni de règles plates de 10 centimètres ou de 20 centimètres de longueur. En les faisant passer dessus dessous, on les assemble de manière à former des objets dont les parties se tiennent. Ce sont : 1° des ornements géométriques ; 2° des objets usuels : barrière, fenêtre, claie...

TISSAGE

Il se fait au moyen de rubans de papier ou de palmier, de 1 centimètre de largeur. On les combine pour former des dessins variés. Si les bandes sont de couleurs diverses, elles ajoutent à l'agrément du dessin.

TRESSAGE

Les exercices se font au moyen de fibres de palmier, d'aloès qu'on a séparées, de brins d'alfa, de joncs, etc. Faire une corde, une tresse de trois, de quatre, de cinq brins.

VANNERIE

Avec les mêmes matières, confectionner des paillassons, des nattes rondes, ovales, à frange ou sans frange, des couffins, etc.

PLIAGE DU PAPIER

Plier la feuille de papier en deux, en quatre. Application : tracé de l'angle droit, division de ligne en 2, 4, 8... parties égales ; relevé et report d'une série de dimensions inégales ; former un losange.

Plier la feuille de papier en trois, six parties égales.

CONSTRUCTION DU CARRÉ

Enveloppe, chapeau, barque, cocotte, boîte, filtre, cornet, chapeau de lampe.

Pliage de bandes ou rubans, encadrements, ornements géométriques, lettres capitales.

CORDERIE

Fabrication d'une corde avec plusieurs ficelles.

NŒUDS

Attacher deux bouts de corde, nœud droit ou plat.

Attacher une corde à un anneau ou à un pieu ; raccourcir une corde sans la couper ; nœud coulant ; réunir deux pièces de bois.

TRESSAGE ET VANNERIE

Révision des exercices du cours préparatoire. Réunir deux cordes bout à bout sans faire de nœud.

Confection de cordes, de liens, filets pour porter la paille ; couffins, coiffures, semelles de chaussures, etc.

Cages et corbeilles formées de tiges d'asphodèle sauvage, roseaux, etc.

TRAVAIL DE BOIS AU COUTEAU

Équarrir une branche. Façonner un prisme à base carrée, à base octogonale, à base hexagonale, un cylindre. Confectionner un manche d'outil à arêtes, arrondi ; une quille, une toupie, etc.

TRAVAIL DU BOIS A LA RAPE

Dresser un rectangle, en arrondir les extrémités. Arrondir les quatre angles. Faire des quarts de ronds aux quatre angles.

Faire les mêmes exercices sur le carré.

Percer une ouverture carrée, rectangulaire ou circulaire.

Profiler une planchette d'après un dessin déterminé.

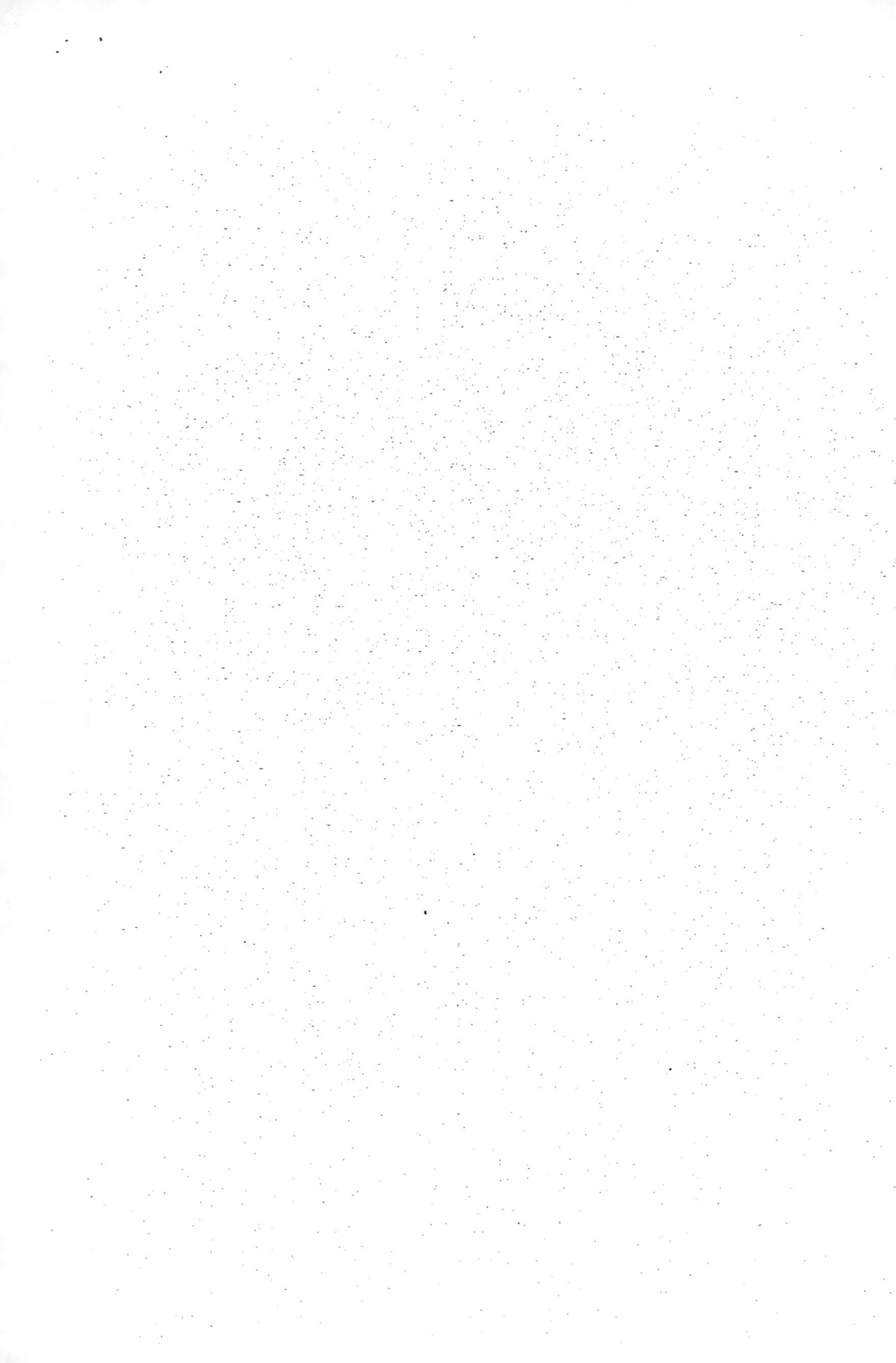

TABLE DES MATIÈRES

III

COURS ÉLÉMENTAIRE

IV

COURS MOYEN

V

ALGER. — TYPOGRAPHIE ADOLPHE JOURDAN

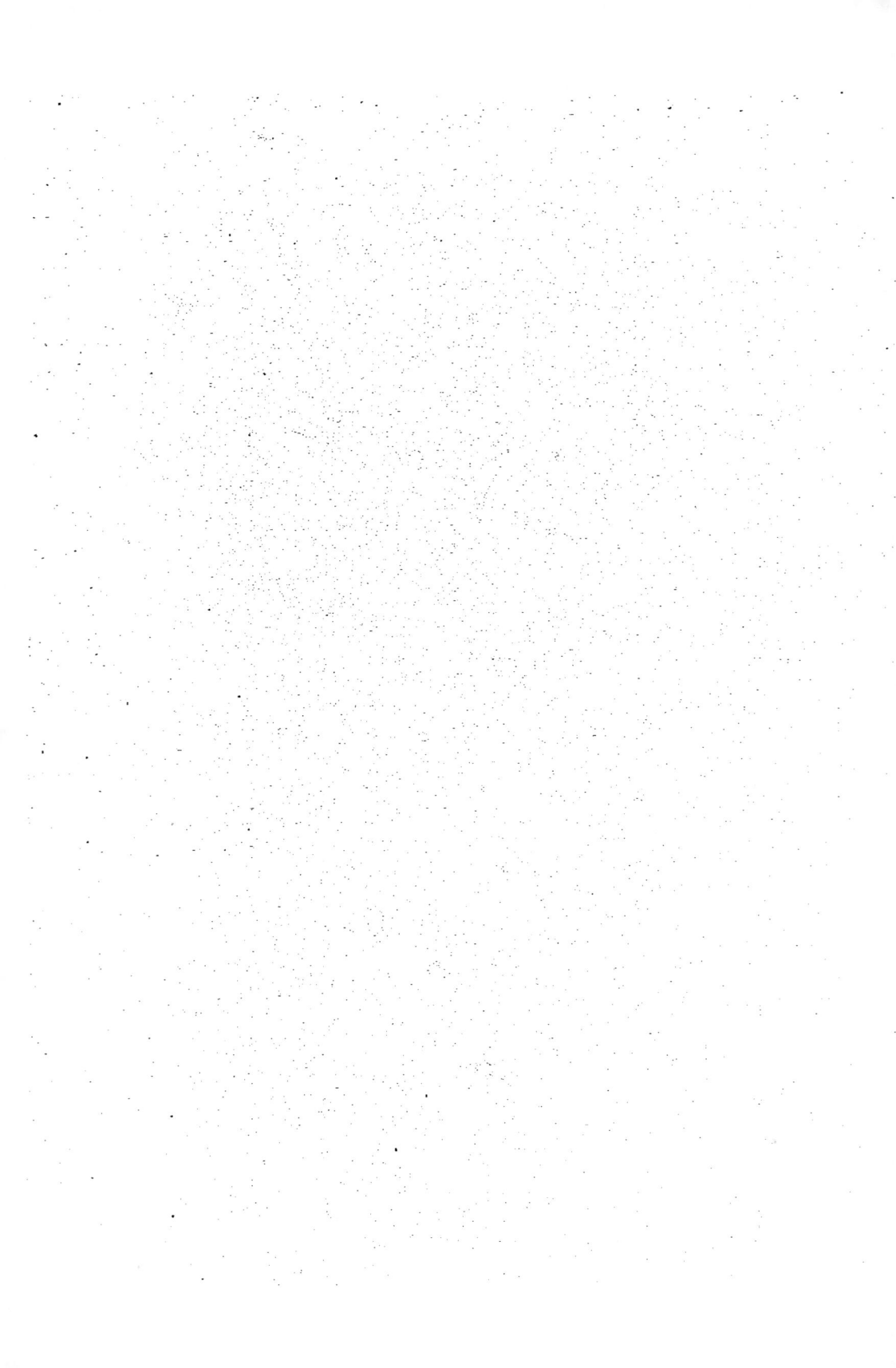

www.ingramcontent.com/pod-product-compliance
Lightning Source LLC
Chambersburg PA
CBHW072030080426

42733CB00010B/1838